疾風怒濤精神分析入門

ジャック・ラカン的生き方のススメ

片岡一竹 著
序文 向井雅明

誠信書房

序文

向井 雅明

「ラカンが最後のフレーズを言い終えようとした時に、薄暗いデュサンヌ講堂の奥から奇妙な声が上がった。それはまだほほをピンクに染め、子供っぽさの残った姿の若者から発せられたものだった。この若者は、か弱さと尊大さの混じる気取った調子で、おおげさにラカンに問いかけた。内容は高度なものだった。それはラカンの仕事の哲学的使命に関するもので、いつものセミネール参加者たちの質問とは明白なコントラストを見せていた」。

これはエリザベート・ルーディネスコが『フランスにおける精神分析の歴史Ⅱ』[*1]のなかで、今では世界の精神分析界の第一人者の一人であるジャック＝アラン・ミレールが、ラカンの前にはじめて登場し、質問を出した時の様子を描いたものである。当時フランスでもラカンはまだほとんど理解されておらず、この弱冠20歳の青年がラカンを理解し、ラカンが後にセミネールの中でも同じ問題を再び取り上げるほどの内容の質問をしたということはまったく驚異的であった。

片岡一竹君のはじめての著書の序文を依頼され、原稿を受け取った時に思い出したのはこのミレールのデビューのエピソードである。というのも、この二人は、われわれのように「普通に」ラカンを理解しようと

＊1 Élisabeth Roudinesco, *Histoire de la psychanalyse en FranceII*, Seuil, 1986, p.374-375. 本邦未訳。これは正確な翻訳ではなく多少脚色している。

して勉強してきた者にとって信じられないほどの若さでラカンを、まだ荒削りではあるにしても、自分のものにしてそれを出版物にしているという共通点があるからだ。

共通点はそれだけではない。二人とも臨床とは直接関係のない哲学界にルーツをもっている。これはラカンを理解するにおいて重要な点である。ラカン自身それまでずっと既存の臨床の世界の人たちを相手に教育活動を進めていたが、ほとんど自分の考えは受け入れられていないと思っていた。あまりにも医学的偏見に捉えられていたからだ。そこでまだ誰の手あかも付いていない、つまり誰とも結婚していない独身者、バチェラー[*2]に希望を置いたのだった。精神分析の本質は病理的次元ではなく倫理的な次元にある。つまりそこでは病いに陥った人間が問題ではなく、それぞれの人間の生き方が問題なのだ。人間の精神的な問題は常に各自が自分で選んでいく人生において遭遇する困難から生じる。だから、精神分析は医学よりも哲学や思想、もしくは宗教の方に親和性があるのだ。分析を通して見ると、身体的症状さえもその多くは倫理的意味を持っていることが分かる。もっとも、精神医学の大きな源泉も、たとえばカントがその役割を果したように、やはり哲学だったということも忘れないようにしよう。

この二人の若者にはもちろん異なる面もある。それは、ミレールは当初哲学者としてのみ精神分析を扱っており、長い間自分で分析を受けることをせず精神分析を外から見ていたという点である。結局、彼が実際に自分でも精神分析を受けなければならないと考え始めて、分析に入ったのはだいぶ後になってからである。それに対して、本著者はまだ大学院生で、時間的にも経済的にもそれ程余裕があるとは思えないにもかかわらず、思い切って自分自身精神分析を受けることに身を投じている。日本では、自分でまともに分析も受けずに分析家めいた発言をする人が少なからずいることを鑑みると、彼の精神分析に対する態度の真剣さがうかがえる。

フランスでラカンがより広範囲に受け入れられ始めたのは、ミレールのような若者たちの貢献が大きい。

日本でも今では他の若い人たちのおかげで以前とは質的にも量的にも違ったラカンの受容が広がっているように思える。本書がこうした運動の中で力強い原動力の一つとなることを祈っている。

ちょうど今は四月に入って暖かくなり、木々には明るい緑の新芽が開く季節となった。山々は燃えるような緑に覆われ始め、散歩しているだけで心が躍る。片岡君の本はまさに躍動感あふれるこの緑である。

＊2　Bachelor には独身者という意味と、学士、つまり学のある者という意味も含ませている。

はじめに――こんな疾風怒濤の時代だから

読者諸賢がどのような興味からこの本を手に取られたのか分かりませんが、少なくともここを読んでいただいている以上、精神分析について何らかの関心をお持ちのことでしょう。

一般的に精神分析に向けられる関心には、二つのものがあります。

まずは、①**臨床実践としての精神分析への関心**です。詳しくは第一章で解説しますが、精神分析は精神医療（精神医学）や心理臨床（臨床心理学）に並ぶ「心の治療」のひとつです。あなたは精神科医や臨床心理士による治療を受けている方でしょうか。あるいは精神分析の治療を受けてみたいと思っている方でしょうか。それとも精神科医か臨床心理士（ないしはその志望者）で、教養として分析のことを知りたいと思われた方でしょうか。……いずれにせよ、臨床的興味からこの本を読もうと思われた方は多いでしょう。

あるいはそれとは別に、②**思想としての精神分析への関心**から読まれている方もいらっしゃると思います。元来「心の治療」のために生まれた精神分析ですが、その斬新な思想は、哲学や表象文化論、社会学などの分野にも多くの影響をもたらしました。現在はあいにく治療としての精神分析がいくぶん下火になっているということもあり、哲学思想を通して精神分析に興味を持った方も多いと思います。

特に本書で解説する**ジャック・ラカン**（一九〇一―一九八一）は、治療者というよりも、もっぱらフランス現代思想の論客という印象で受け止められています。ラカンを学びたいと思う人の多くが哲学的関心から興味を抱くものです。

つまるところ、精神分析は①臨床実践としての側面と、②思想としての側面の二つを持っているわけです。**本書は、この二つの面から、全く知識がない方にも理解できるように、精神分析のイロハのイを解説したものです。**[*1]

＊＊＊

とはいえ、治療と思想は実のところ複雑に絡み合っており、截然《せつぜん》と分けられるものではありません。思想としての精神分析は、一見して直接的な臨床と関係のない、思弁的なだけの議論に見えます。しかしそれは、臨床を捨ててしまったことを意味するのではありません。むしろ、「真の精神分析の臨床はどのようなものでなければならないか」を徹底的に考えた結果として、抽象的な思弁にも思えるような議論が必要になったのです。

翻って言えば、そうした思弁を経ずに小手先の臨床的技法だけを知ったところで、意味はありません。読者諸賢の中には、「難しい理屈は抜きにして、手っ取り早く精神分析の技法《テクニック》を知りたい！」と思われる方もいるかもしれませんが、残念ながら、本書はその期待には応えられません。

なぜなら精神分析で使われる「技法」（のように見えるもの）は、その裏にある思想を理解しなければ、端的に意味不明なものにしか思えないからです。

精神分析は紛れもなく臨床実践です。しかし精神分析がもつ「治療」のイメージは、一般的な「心の治療」とはかけ離れています。というのも、**精神分析が目的とするのは単なる「精神症状を治すこと」ではない**からです。

よく「今や優れた治療法がたくさんあるから、精神分析を治療として用いる時代は終わった」というようなことが言われますが、それは間違った考え方です。というのも、他の臨床実践と精神分析が目指すものは明確に異なり、両者は同じ土俵で戦ってはいないからです。精神分析には精神分析の道があり、それは他の治療では代用できないものなのです。

＊　＊　＊

それでは、精神分析は何を目指すのでしょうか？　本書の第Ⅰ部では、まずこうした疑問に答えるべく、**「精神分析と他の臨床実践はどう違うのか」「精神分析は何を目指すのか」「精神分析の臨床はどのように行われるか」**を明らかにしたいと思います。

臨床的な興味から本書を手に取られた方は、主に第Ⅰ部を中心的に読んでいただければよいと思います。しかしながら、繰り返すように、精神分析において治療と思想は切り離せないものです。ですから、第Ⅱ部以降の議論も、臨床にまつわるさまざまなヒントを与えてくれるでしょう。

第Ⅱ部では**精神分析理論の内容**を紹介していきます。無意識、欲動、想像界、象徴界、鏡像段階、シニフィアン、〈父の名〉、享楽、対象 a などのさまざまなキーワードが、主に**ラカン理論の年代的変遷に沿って**解説されます。

理論的関心から分析に興味を持った方は、時間がないようでしたら、第Ⅱ部だけ読まれてもよいかと思います。ただし、これらの理論がそもそも何のためにあるかを理解していただくためには、第Ⅰ部を読んでい

＊1　以下、単に「精神分析」と言った時は「ラカン的精神分析」を意味すると思ってください。また「分析」という略称も用いますが、これも精神分析を意味するものです。分析哲学などとは関係ありません。

ただくことが欠かせません。

＊＊＊

さて、いきなりネガティブなお話になってしまいますが、確かに精神分析は昔ながらの臨床実践であり、お金や時間がかかってしまいます。「手っ取り早く病気を治して社会復帰したい！」という方には、残念ながら、精神分析はあまり多くのことができません。

現代は社会、経済、文化の情勢が目まぐるしく変化し、つねに〈速く〉あることが求められます。仕事を離れ趣味に没頭していても、次々に生産されるコンテンツを追いかけることになり、相も変わらず〈速く〉あらねばならないという状況です。

まさしく現代は**疾風怒濤**の時代だと言えるでしょう。もちろん、この言葉が生まれた一八世紀後半と現代の情勢は大きく異なっています。しかしながら、現代が激しい変化のうねりの中にあるということは確かです。そんな時代において、精神分析のような、地道な作業を亀の歩みのごとく積み重ねていく臨床実践は、もう不要だと考えられてもおかしくありません。

しかし筆者は、速さが求められる時代だからこそ、精神分析が必要なのだと考えています。なぜなら、皆が皆〈速さ〉の中で生きられるわけではないからです。時代が求めるスピードに疲弊し、日々の仕事や雑事に追われて、いつの間にか自分を見失っていく……そんな人は大勢いることでしょう。

精神分析が行われる分析室《キャビネ》は、目まぐるしい現代社会とは切り離された特殊な空間です。そこでは、日常とは別の仕方で時間が流れます。そこに身を置くことで、性急さに駆り立てられず、少しずつ人生を見直し、ついには自分が納得できるペースでの生き方を探すための旅が始まるでしょう。

旅は楽しいことばかりではありません。時にトラブルに見舞われ、険しい道を通らなければならないこともあります。しかしそれでも、旅の果てに、きっと自分が心底「よかった」と思える場所に辿り着くでしょう——あなたが真にそれを望むならば。

疾風怒濤の時代の精神分析入門を、始めましょう。

「疾風怒濤精神分析入門――ジャック・ラカン的生き方のススメ」目次

第Ⅰ部　精神分析とはどのような営みか

第一章

それでも、精神分析が必要な人のために
――精神分析は何のためにあるのか

◉精神分析は臨床実践である

あなたが何らかの精神疾患や、心理的トラブルを抱えているとします。その問題はなかなか解決せず、ある時、あなたは何らかの機関を訪れようと決意します。そんな時、あなたはどこに行くのでしょうか。精神科や心療内科を受診するのでしょうか。あるいは、臨床心理士のオフィスの門を叩くのでしょうか。

普通はこのどちらかの道を取ると思われます。しかし、両者とも異なった第三の道があります。そう、それが本書で取り扱う**精神分析**です。

精神分析は百年以上前に**ジークムント・フロイト**（一八五六―一九三九）というオーストリア出身の医師によって作られた臨床実践です。もともと神経医をしていたフロイトは、一九世紀が終わろうとしている頃、「ヒステリー」と呼ばれる病気の治療のために、精神分析という治療を考案しました。

フロイトというと、一般には治療者というよりは心理学者のように捉えられています。同じく、精神分析とは、人間の精神を説明するための学問であるとか、心理学の分野の一つであると考えられています。そのほかにも小説や映画などを批評するための理論であるとか、もしかしたら、夢占いの亜種のようなものだと捉えている人もいるかもしれません。

しかし精神分析はただの理論ではありません。また、精神医療や心理臨床で用いられる療法の一つというわけでもありません。[*1] 精神分析とは一つの独立した臨床実践なのです。したがって精神分析を考える際には、まずその臨床実践としての固有性を明らかにしなければなりません。

◉言葉を用いた臨床実践

臨床実践としての精神分析の大きな特徴は、それが言葉だけを治療手段に用いるということです。精神医療のような投薬治療や、電気けいれん療法（ＥＣＴ）などは一切用いません。

治療において患者は頭に浮かんだことを自由に話します。これを**自由連想**と言います。そして、それに対して治療者が何かコメントを返します。これを**解釈**と言います。自由連想と解釈という、極めて単純なプロセスだけで、分析の治療は進んでいきます。

言葉だけを用いるという点で、精神分析はいわゆる「カウンセリング」に近いとも言えます。しかし現代の心理臨床が遊戯療法、催眠療法、集団療法……などといったさまざまな技法を用いるのに対し、精神分析は自由連想だけを用います。稀にこれらの技法の一部に頼ることがあっても、それはあくまで自由連想の補助としてでしかありません。

自由連想はカウンセリングのもっとも基本的な要素と言えます。そこで行われているのは、来訪者に話したいことを話してもらうための場を提供し、治療者はもっぱらそれを傾聴するということです。

＊1　確かに精神医療や心理臨床の現場で精神分析的な治療が行われることはあります。しかしそれらはあくまで精神分析の応用的な使用と考えるべきでしょう。純粋な精神分析は、精神医学とも臨床心理学とも独立した営みです。このことについては「アンコール１」（54頁）を参照してください。

しかし、それでは問題の改善がなかなか望めないということから、臨床心理学は（またラカン派以外の精神分析も）さまざまな技法を考案しました。しかし、それでもラカン的精神分析はあくまで自由連想のみを用いることにこだわり続けます。

それは別にラカン的精神分析が保守的であり、伝統に固執しているからではありません。ある理由のために、いくら技法を考案しても無意味《ナンセンス》だと考えられているためです。この理由が何かについては、後々お話ししましょう。

◉無意識について

また精神分析の一番の特徴は、人間の中に**無意識**というものを想定し、それこそがその人の本性であると考えることです。

「無意識とはなにか」についても後に詳しくお伝えしますが、ここでは簡単に、「自分の中で、知らぬ間に自分を突き動かしているもの」程度に思っていただければ充分です。

自分のことは自分が一番よく分かっていると思われがちですが、精神分析の観点では、それは誤った考えです。**自分はそう自分のことを分かってはいないのであって、自分を真に動かしているのは、自分では知らない力や動機**なのです。

精神分析は無意識という特殊なものを相手にする臨床実践です。ですからそれは、無意識が持つ特殊な論理を把握できるように設計《デザイン》されています。それゆえ、精神分析においては時に常識的観点からはおかしいように思える臨床が行われます。それでも、それはただの「風変り《エキセントリック》」な実践に終止するのではなく、しっかりとした論理に基づいています。そのことをくれぐれも念頭に置いていただきたいと思います。

◉ラカンは臨床家である

ここで「しかし」という人がいるかもしれません。「確かにフロイトは精神分析を治療として用いていたかもしれないけれど、ラカン理論は治療というより、哲学的な理論なのでは？」

こうした疑問は頻繁に目にします。本書はラカン的精神分析についての解説を目的としていますから、まずはこうした疑問に答えなければならないでしょう。

ジャック・ラカンは一九〇一年、二〇世紀の始まりと共にパリで生まれました。初めは精神科医として活動していましたが、後に分析家に転向し、国際的に有名になりました。一九八一年に八〇歳でこの世を去るまでその活動の旺盛さは止むことを知らず、世界各国に彼の影響を受けた「ラカン派」（ラカニアン）が誕生しました。ラカニアンたちは現在も世界各国で盛んに活動を行っています。

ラカンはよく哲学者だと言われます。しかしこれは間違いです。何をもって「哲学者」と言うかは難しいですが、少なくとも制度上、ラカンは哲学科の出身ではありません（わが国ではなぜか、ラカンが高等師範学校《エコール・ノルマル・シュペリウール》という大学教員養成学校の出身であるという誤報《デマ》がまかり通っていましたが、彼はあくまで医学部の出身です。高等師範学校は、あくまで彼が一時期講義《セミネール》を行っていた場所に過ぎません）。

これに限らず、ラカンが哲学者として語られがちな背景には、日本のラカン受容が大きく影響しています。というのも**ラカンは主にフランス現代思想の論客として研究されており、臨床家としてのラカンが長らく顧みられていなかった**からです。

確かに精神科医などの臨床家もラカンを読んできましたが、患者の病理を理解するためにラカン理論を参照する、といった見方が大半を占め、ラカンはもっぱら理論的にしか研究されませんでした。そうした事情から、我が国でラカン的精神分析を実践しようと考える人はほとんど現れませんでした。

しかしラカンの祖国フランスでは、ラカン派の精神分析がきちんと一つの運動として根付いており、ラカン的精神分析を受けている人も大勢います。日本におけるラカン派分析家の数はおそらく両手で数えて余る程度ですが、フランスの場合は比べ物になりません。

ラカンは生涯に亘《わた》って臨床を捨てず、亡くなる直前まで精力的に臨床を行っていました。ラカンの精神分析理論もそうした実践の中から生まれてきたものですから、紛れもなく臨床に寄り添った理論だと言えます。

◉精神分析は時代遅れなのか

こうした疑問をクリアしたところで、しかし、まだこんな反論が返って来そうです。曰く、「精神分析は、臨床実践としてはとうに過去の遺物だ。なぜ今になって、こんな欠陥だらけの治療を実践する必要があるのか」。

確かに、臨床の現場で精神分析は嫌われているというか、厄介払いされようとしているのが現状です。「精神分析」という名を聞いただけで苦い顔をするような人も少なくありません。

なぜ精神分析はそこまで人気がなくなってしまったのでしょうか。理由はいくつかありますが、まず挙げられる理由は、「**精神分析はコストがかかりすぎる**」というものでしょう。ここでいう「コスト」は主に、①**時間**、②**お金**、③**心理的負担**に関するものです。

まず①**時間**について言えば、ラカン的精神分析では分析の終結までにおおむね十年以上はかかります（個人差は相当にありますが）。心理臨床は数ヶ月から数年で終わるものが大半なので、それと比較すると時間が膨大にかかると言えるでしょう。

それから②**お金**です。精神分析には保険が適用されないので、一回一回の治療でかかる金額はどうしても高価になってしまいます。べらぼうに高いというわけではありませんが、なにせ治療期間が十年にも及ぶわけですから、合計するとマンションが買えるような値段になっている可能性があります。

最後に③**心理的負担**ですが、これも確かに大きいと言えます。現代の精神医療は、向精神薬を用いた投薬治療が中心となっています。ですから症状を話すだけで、医師が鑑別診断をして薬を処方してくれます。あとは薬を飲むだけですから、心理的負担はほぼありません。心理臨床でもなるべくクライエント（「患者」）の負担にならないような実践を行うことが重視されており、いたずらにクライエントを傷つけることには細心の注意が払われています。

他方、精神分析の場合は、先ほど述べた自由連想というのがなかなか――というより、相当に大変です。「思い浮かんだことをありのままに喋ればよいだけじゃないか」と思われがちですが、例えば非常に恥ずかしいことや、極めて非道徳的なこと、さらには誰にも話したくない秘密なども話さなければならないので、かなり骨が折れます。一〇分そこそこの自由連想をしただけでも、かなり疲弊してしまうでしょう。

無意識は自分では気づかないものだ、と言いましたが、より正確に言えば、自分では気づきたくない、知らぬままで済ませたいような何かです。専門用語を用いれば、無意識とは、**抑圧**されたものに他なりません。精神分析とは自ら抑圧した暗部（流行り言葉で言えば「黒歴史」）に迫っていくことですから、辛い記憶を思い出してしまったり、自分がこの上なく恥ずかしい人間に思えたり、ひどいことを言って罪悪感を覚えてしまったりすることもあるでしょう。「病いに苦しむ人を救うのが治療の役目なのに、余計に苦しめるとは何事だ」と思う人がいても不思議ではありません。

◉効率化のイデオロギー

いきなり精神分析の欠点をあげつらうようなことをしてしまいましたが、分析にコストがかかるというのは確かです。精神分析を受ける際には固有の困難が伴うものですし、誰にでもお勧めできるかと言えば、そうでもありません。ですから精神医療や心理臨床のような、もっと負担の軽い治療が必要でしょう。

あらかじめ述べておけば、筆者は精神分析以外の「心の治療」を全否定したいわけではありません。**重要なのは、精神医療や心理臨床がすべてではないこと、そして、精神分析が、これらの治療とは全く別の目的に向かっているということ**です。

にも拘わらず、精神分析不要論の声は大きくなる一方です。それは一体なぜでしょうか。精神分析の目的を語る前に、まずはその背景を分析してみましょう。

現代は、何かとコストダウンが礼賛されています。すべては「スピーディ」で「効率的」でなければならないと考えられ、「即戦力」になるものが求められています。時間や費用がかかる提案をしたりすると、「もったいない」「今がどういう状況か考えろ」などという反対が、瞬く間にやって来てしまいます。

「心の治療」の現場もその影響を受けているように思われます。ですから手間暇のかかる精神分析は排斥《オミット》して、効率的に治療や改善が見られる療法を称揚するような動きが見られます。つまり**治療の世界においても、効率化の至上主義が席巻し始めている**わけです。

確かに、人生を豊かにする上で面倒な回り道を避けたいと思うのは人情です。しかしコストダウンとリスク回避にばかり専心していたら、終いには人生に何もなくなってしまうのではないでしょうか。

本来「心の治療」とは、身体医学のように身体の一部を相手にするものではなく、精神の全体を対象とするものです。ということは、それは結局、「どう生きていくか」といった、人生の根幹をなす問題に逢着《ほうちゃく》するでしょう。

だから治療はやみくもに効率化に終始していればよいわけではありません。こう言ってよければ、**〈倫理〉**の問題に踏み込まなければならないのです。

ここでいう〈倫理〉とは法令遵守《コンプライアンス》というようなことを意味するのではなく、「なにを《善い》と考えて生きていくか」という根本的な**〈生き方〉**の問題を指します（以下、〈倫理〉と〈生き方〉は同じようなものとして捉えてください）。それは患者の人生の問題でもあれば、治療者の問題でもあります。つまり**効率化ばかりが「善い」とされている現状も、一度疑ってみなければなりません。**

確かに牛丼やハンバーグなどのファストフードは、手軽で安価に空腹を満たしてくれます。しかし、毎食ファストフードばかり口にしていては、食生活が貧しいものになってしまうでしょう。臨床もそれと同じです。効率ばかり求めていては、人間存在について極めて貧しい考え方しかできません。毎食をコンビニで済ませていては、「美味しいとはどういうことなのか」も考えることができなくなるのです。

◉表面的な症状がすべてではない

なるほど、〈倫理〉のような「深い」問題とは関係なく、単に不眠症を治してほしいような患者だっているでしょう。しかしそうした身体に出てくる問題はあくまで氷山の一角で、その奥には人生や人間関係に関するより根本的な問題が潜んでいるかもしれません。そう、**表面的な症状の背後に、その人自身気づいていないような無意識的な問題があるかもしれない**のです。そうした根本的な問題が解決されない限り、症状に苦しむ日々は終わりを迎えないでしょう。

自分に何らかの精神疾患があることが分かると、害虫を駆除するかのように、すぐにそれをなくしてしまおうと焦る人は多くいます。しかし、それは根本的な解決にはなりません。向精神薬などを使えば一時的に症状が治まるでしょうが、そうなったところで、今度は別の症状が現れるかもしれません。仕事に支障をきたす不眠症が治って万歳と思っていたら、今度は心因性の腹痛（過敏性腸症候群）が襲って、やはり仕事ができなくなる……ということもあり得ます。

やはり、自分の人生そのものであるとか、何を「善い」と思って生きていけばよいのかという〈倫理〉の問題にまで踏み込まなくては、抜本的な解決は訪れないのです。

◉治療の〈修理〉化

〈倫理〉の問題を捨てて症状のハエ叩きに終始してしまえば、「心の治療」は単なる異常な心理状態の矯正になります。つまり人間の〈修理〉に果てしなく近づいていくのです。

〈修理〉的な治療は表面的な症状しか見ていません。症状を生み出す原因となったはずの、根底的な〈生き方〉や〈倫理〉の問題は、ないものとして扱われます。なぜなら〈修理〉的な治療（特に向精神薬の開発など）において問題になるのは、**精神疾患が生まれる器質的なメカニズムだけ**だからです。精神疾患は脳や神経の異常状態によって生まれるものだと考えられ、その人がその疾患を持つに至った人生的な経緯は問われなくなってしまいます。

例えば鬱病は、器質的に考えれば「脳内の神経伝達物質（セロトニン、ノルアドレナリン、ドーパミンなど）の分泌のバランスが崩壊したことにより生じる疾病」と言えます。しかし実際にその人がなぜ鬱病になったかを考えれば、そこには日々のハードワークや人間関係の諍《いさか》いという事情があるでしょう。だから鬱病を抜け出すためには、そうした環境を変えることが必要になります。ひいては、そうした環境に留まることを「善し」としていた、その人の考え方の是非（＝〈倫理〉）を見直さなければならないはずです。

しかし、〈修理〉的治療においては、極言すれば、神経伝達物質の分泌バランスを正常化しさえすればOKだということになります。そこから「陽光を浴びてセロトニンの分泌を増やそう」などというアドバイスが生まれるわけです。しかし上司とのトラブルによって落ち込んだ気分を、太陽に当たることで向上させるというのは、何やらおかしな話ではないでしょうか。

つまり、**「〈生き方〉を見直すことで気分を害さなくなり、その結果神経伝達物質の分泌バランスが良くなる」**はずなのに、いつの間にか**「神経伝達物質の分泌バランスを良くすれば、気分を害さなくなる」**と、**論理が反転してしまっている**わけです。

〈修理〉的な治療では、器質的なメカニズムが第一のものにされてしまっています。そこでの人間の捉え方は、あまりに機械的です。「醜形恐怖が薄れてコミュニケーションが円滑になった」ことと「遅れがちだった時計の時刻が正確になった」ことが、あたかも同列のことのように扱われてしまうのです。

「考え方は何であれ、治るからよいではないか」と思われるでしょうか。しかし、繰り返すように、表面的な症状の治癒は抜本的な解決とはなりません。

なによりそうした〈修理〉に終始していると、そもそも、「治る」とはどういうことか、分からなくなってしまいます。「症状の治癒がその人に幸福をもたらすのか」「そもそもその人はどういう状態が〈善い〉と考えるのか」といった治療の〈倫理〉の問題が消え失せてしまいます。

単に厄介な症状が消えさえすれば、それでよいのでしょうか。健康になりさえすれば、幸せになれるのでしょうか――その答えがどうであれ、そうした疑問を持つ余地がなくなってしまうというのは、何やら恐ろしいことではないでしょうか。

◉科学的イデオロギーが唯一ではない

厄介なのは、こうした〈修理〉的な治療が**科学の名のもとで正当化されている**ということです。つまり、脳科学や生物学などの知見を援用することにより、「〈修理〉的治療によって矯正された状態こそが科学的に正しい人間のあり方だ」と主張されているのです。

そして、それに反するような考えはすべて「非科学的な盲信」という言葉のもとで斬り捨てられてしまいます。精神分析も「非科学的だ」という批判をたくさん貰いました。

しかし、いわゆる科学的正当性を持つものが唯一正しいわけではありません。そもそも科学は一切の思想を抜きにして観察することにのみ徹する営みであるはずです。**そこから何らかの思想を抜き出してしまえば、それはもはや科学そのものではなく、科学的イデオロギーと化してしまいます。**それは一つのイデオロギーである以上、特権性を持たず、他にある諸々のイデオロギーと同列に並べられるものでしかないはずです。

もちろん、イデオロギーだからといって非難の対象になるわけではありません。人間が一切の思想を持たずに生きるということはあり得ないのであって、つねに何らかのイデオロギーは必要です。

しかし、イデオロギーがイデオロギーであることを忘れてしまえば、それはテロリズムになってしまいます。つまり、「自分たちの考え方が絶対的に正しいわけではない（そもそも、絶対的に正しい思想などありえない）」ということを忘れて、「これ以外の考え方はすべて間違いだ」という原理主義に走ってしまっているわけです。

だから、科学的イデオロギーのもと正当化されていても、それを鵜呑《うの》みにせず、その思想が持っているはずの何らかの色眼鏡《バイアス》を見て取る必要があります。この色眼鏡《バイアス》は、何らかの思想やイデオロギーが等しく持っている色眼鏡《バイアス》です。

◉精神疾患の管理社会

そしてこうした科学的イデオロギーの裏に存在するのが、ほかでもなく資本主義のシステムです。これらの治療が結局のところ目的としているのは、**資本のシステムが円滑に動くために病者を操作し管理すること**に他なりません。

「少しでも精神疾患があれば、仕事に差し障りが生まれてしまう。だからそんな面倒な人には、早く症状を直させて、早いところ戦力に復帰させよう。

だが治療を受けさせている間は労働力が減ってしまう。それは大変だ。業績が落ちてしまう。だから仕事をしながらでも受けられるような、気軽な治療が必要だ。

それに、治療が行き過ぎると、自分を特別な人間だと思い出す可能性があるぞ。《本当にやりたいことをやる》などと言い出して、仕事を辞められては困る。だから〈倫理〉的な問題には踏み込ませず、表面的な症状が治ったらすぐに仕事に連れ戻そう」

――というわけです。

台詞調《せりふ》で記してみましたが、別にどこかに黒幕がいて、陰謀を張り巡らせているわけではありません。あくまで社会全体の空気《アトモスフィア》が、こうした思想を生み出しているのでしょう。しかし、いずれにせよ、「精神疾患を抱えていても、特別な人ではありません」とか「手軽に治ることができます」といった見せかけの人道主義に覆われ、こうした酷使の体制が温存されているように思えてなりません。

「心の治療」はこのような搾取に加担してよいのでしょうか。なるほど、この体制に与《くみ》すれば治療がもっと普及し、患者数が増えることでしょう。そうなるとお金は儲かります。しかし、そういった考えは〈倫理〉を失っており、盲目な利益の追求に終始してしまいます。精神分析が〈倫理〉を考えるならば、資本主義に隷属していてはならないのです。

……しかし、この問題に深入りすると、精神分析の枠を超えて社会批判の本になってしまいます。取り敢えずこれくらいでやめておきましょう。

◉精神医学・心理学・精神分析

精神分析が効率化のイデオロギーには与せず、根本的な〈倫理〉の問題を扱うものであることがお分かりいただけたでしょうか。

次に私たちは「〈倫理〉の問題を通して、精神分析は何を目的としているのか」という問題に踏み込まなければなりません。しかし、それを語るためには、まず精神分析が置かれている独特のポジションを理解していただかなければなりません。

そこでここからは、**精神分析と周辺領域の違いを明確化**しておきたいと思います。ここでの周辺領域とは、**精神医学**と**心理学**です。というのも、これらの治療ないし学問は、往々にして精神分析と混同されがちだからです。しかし実際には、その成り立ちから目的に至るまで、三者は大きく異なっています。

以下、精神医学、心理学、精神分析の順にその成り立ちと目的を解説していきましょう。ただし前二者に関しては、かなり簡略化、図式化していることをご寛恕《かんじょ》ください。

なお用語について言えば、本書では基本的に「**精神医学**」の実践を「**精神医療**」、「**臨床心理学**」の実践を

「心理臨床」と呼んでいます。また二つをまとめて「精神医学（精神医療）」「臨床心理学（心理臨床）」と表記する場合もあります。専門家の方にとってはあまり正確な用語ではないかもしれませんが、便宜上のものということで、お許しください。

◉精神医学の目的

まず精神医学は、名前の通り医学の一種です。外科や内科、泌尿器科などに並んで精神科や心療内科が設けられています。精神科医も医師の一種ですから、精神科医になるためには、医学部に入って外科や内科の勉強も修了し、医師免許を取得することが必要になります。

医学の中でも精神医学は遅く生まれた分野であり、現在の形での精神医学が確立されたのは一九世紀前半と言えます。もちろん、「おかしな人」や「狂人」はそれ以前の時代にも存在していましたし、そうした人々に対するアプローチは古代ギリシャの時代から存在していました。

しかし中世において彼／女らは「社会のはみ出しもの」として一括りにされ、浮浪者や貧乏人（！）と一緒に収容所などに閉じ込められ、社会から隔離されていました。

そうした**雑多な「社会不適合者」の中から「精神を病む人々」が抽出され、ひとつのカテゴリーとして医学的な治療・診断の対象とされるようになったのは、一八世紀末**からだとされています。

ここには明らかに啓蒙主義の影響があります。「《精神を病む人々》を狂人として非人間的に扱うのではなく、一人の人間として扱い、人間の本性たる理性を十分に発揮できるように導いてあげよう」というわけです。いささか語弊はありますが、伝統的な精神医療が目的とするのは、狂気という蒙を啓《ひら》くことだと言えましょう。

「精神を病む人々」がひとつの医学的カテゴリーとして規定されると、その特徴を抽出し分類する（＝**鑑別診断**する）ためにさまざまな病名が生み出され、またさまざまな治療的アプローチが試みられるようになりました。

精神医学による治療のアプローチは多岐に亘り、初期にはショック療法（高所から水をかけたり、回転椅子に座らせて高速回転させたりする）、瀉血《しやけつ》（患者の血を抜く）、ロボトミー手術（前頭葉を切断する）、温泉療法（温泉にひたすら浸からせておく）など、さまざまな――荒唐無稽とも言える――治療手段が用いられていました。しかし一九五〇年代における向精神薬の飛躍的発展を経て、現在は**投薬治療**が中心となっています。

だから精神科（心療内科）に行くと、どんな症状があるか尋ねられ、その後は「この薬を出したいのだが、どうだろう」というようなことを訊かれるだけで診療が終わることも多々あります。診療の目的は、あくまでどういった薬を処方するかを決定することなのです。

自分の悩みとか、「人生がこれだけ辛いんだ」という訴えを傾聴するのは、また別の臨床です。精神科医がこうした臨床を行うこともありますが、現在では、事実上、心理臨床家（臨床心理士）がその役目を担っていることが多いと言えます。

◉臨床心理学の目的

心理臨床家（臨床心理士）とはどのような人たちでしょうか。それを説明するためにはまず、そもそも**心理学とは何か**について説明しなければなりません。

心理学は必ずしも臨床実践を伴ったものではありません。心理学というのは、人間の心のメカニズムを知るための学問全般を指します。ですからそれは**病院やクリニックで行われる臨床実践ではなく、大学で行わ**

れる学問だと言えます。

ひとえに心理学と言っても、教育心理学、社会心理学、発達心理学など、さまざまな分野があります。**その中で、心理的なトラブルや異常を扱い、臨床実践を行う分野が臨床心理学**です。臨床心理学だけはいくぶん他の分野と異なっていて、心理学科が大抵文学部に設置されているのに対し、教育学部内に置かれていることが多いです。

ここで、「教育学部」ということが重要です。臨床心理学は医学部のものではありません。したがって臨床心理学が目的とするのは、医学的な〈治療〉とはまた別のものです。

実際、臨床心理学では「患者」を「治療する」とは言いません。カウンセリングを受ける人は「患者」ではなく「クライエント」（来談者、依頼者の意）と呼ばれますし、「治療」ではなく、「援助」という言い方がなされます。**臨床心理学が目的とするのは、〈患者〉の〈治療〉ではなく、〈クライエント〉の〈援助〉**なのです。

カウンセラーは健常者の側から、クライエントが心理的問題を解決することを援助する役割を持っています。クライエントは、精神医学におけるような「〈治療〉を必要とする病者」とは限りません。明確な症状を呈《てい》していない人でも、何らかの心理的問題を持っていれば、臨床心理学の対象となります。

臨床心理学で求められているのは、あくまで心理的問題を解決して、健康な心理状態を取り戻すことなのです。それは〈治療〉（＝精神医学的に規定された症状を消失させること）とはまた異なったものです。

◉精神科医と臨床心理士

臨床心理士の資格[*2]は、精神科医とは異なります。精神科医の免許が医師免許であり、国家資格なのに対して、臨床心理士の場合は「日本臨床心理士資格認定協会」という民間団体が与える資格です。あくまで民間資格なのです。

具体的には、協会が指定する大学院に入学し、二年間の修士課程（場合によってはプラス一年の実務経験）を修了すると、資格審査に臨むことができます。精神科医の医師免許取得のためには六年かかりますが、臨床心理士の場合は大学の学部は関係ないので、最短、大学院修士課程の二年＋受験年度だけで取得可能です。

業務形態について言えば、臨床心理士には個人オフィスを開業して、クライエントを受け入れる人もいます。精神科医と違って向精神薬を処方する権限はなく、臨床は面接による言葉でのやりとりが中心です。一般的にイメージされる「カウンセリング」が臨床心理士の仕事であると言ってもよいでしょう。

臨床心理士と精神科医は臨床の場ではしばしば共同作業を行います。個人開業をしている臨床心理士は少数派で、精神科に勤めている人のほうが多数派です。医師による診断と投薬の前に臨床心理士が話を聞く、あるいは医師との面接の後にもっと話したい人は臨床心理士のところに行ってもらう……という形で、投薬とカウンセリングの分業体制がとられている精神科は多々あります。

◉精神分析には「健康」の概念がない

さて、ここまで精神医学（精神療法）と臨床心理学（心理臨床）の違いについて長々語ってきましたが、私たちにとって重要なのは、「それでは、これらに対して精神分析とは何なのか」ということです。ここで私たちは、いよいよ精神分析の目的について語ることができます。

まず「精神分析はここまで語ってきた精神医学と臨床心理学のどちらでもないものだ」という否定的定義を踏まえてください。資格としても、分析家の資格は両者と異なっています（では、具体的にどのような資格制度なのかは、54頁の「アンコール1」で紹介します）。

また繰り返すように、目的の面でも、精神分析が目指すものは精神医学とも臨床心理学とも異なります。つまり精神分析が目指すのは、精神疾患に陥った患者の〈治療〉でも、心理的問題の解決の〈援助〉でもありません。もちろん、分析の過程でこういった効果がもたらされることはありますが、それはあくまで副次的な効果であって、最終的な目的ではありません。

ここまでは便宜上「精神分析の治療」という言い方をしてきましたが、心理臨床と同じく、精神分析の目的も医学的な〈治療〉とは異なっています。

そもそも「治療」という言葉が用いられるからには、何らかの症状を呈している状態が「病気」であり、普通の人と同じ正常な精神的状態が「健康」であるという考えがあるはずです。「虫垂炎《ちゅうすいえん》になった人が手術を受けて健康になるように、精神的な病気を持った人が精神科医の治療によって健康になる」というのが医学の考え方です。精神医学において、症状とは盲腸のようなもので、取り除くべきものとされます。

しかし精神分析は症状を「異常」や「病気」とは考えず、したがって「健康《メンタルヘルス》」という概念もありません。ラカン的精神分析では疾病分類として神経症、精神病、倒錯（＋自閉症）という三つないし四つのカテゴリーを設けていますが、**すべての人は神経症者、精神病者、倒錯者（＋自閉症者）のどれかに分類され、「健常者」というものは存在しません**（これについては179頁の「アンコール4」も参照してください）。

＊2（17頁）ここまでの記述は二〇一六年九月以前のお話で、二〇一七年度から臨床心理士とは異なった「公認心理師」の認定がスタートします。両者とも業務内容はあまり変わりないようですが、臨床心理士が民間資格であったのに対し、公認心理師は国家資格で、学部でも心理学の課程を修了していなければならないとされています。臨床心理士と公認心理師の関係が今後どのようなものになっていくかは、さかんに議論されている最中です。ちなみに似た名前で「認定心理士」という資格もありますが、これは大学（院）で心理学を修めたという証明のようなもので、特に職能はありません。

ということは、神経症とか精神病も、「症」や「病」と言った名前がついていますが、それらは病気ではないということになります。なにせ、健康というものが存在しないのですから。

これらの疾病分類は**治療のための分類というよりも、人間の〈生き方〉の構造**と捉えるべきです。もちろん生き方は人それぞれですが、その構造を抽出して分類してみると、この四種類に分けられるというわけです。いささか古典的ながら、いわゆる健常な人というのは、（軽度の）神経症者に分類されています。精神病者は神経症者とは生き方が根本的に異なり、いわゆる「狂人」として扱われることが多いとされています。

「何を言っているんだ。自分には精神疾患などない。いたって健康である」とお思いでしょうか。しかし何らかの生きづらさがあったり、自分の中に狂気的、変態的な何かを抱えたりしていない人がいるでしょうか。もし、全く健康だと言い切れる人がいたら、それはそれで、むしろ狂気的だとは言えないでしょうか。

確かに、程度の問題はあります。多少の悩みや苦しみがあっても、一人で生きていける人がいれば、何らかの治療を必要とする人もいます。しかし、それは程度の問題に過ぎません。どんな人であれ、いくばくかの狂気を持っています。**人間の生き方としては、健康よりも狂気が本源的です。健康の方がむしろ作られた状態なのです。**

◉「健康」から「納得」へ

「人はみんな狂人である」というこの考え方は、厭世《ペシミスティック》的でしょうか。あるいは虚無《ニヒリスティック》的でしょうか。もしかしたらそうかもしれません。

しかし見方によっては、これはとてもフェアで開かれた考えです。皆が根源的になんらかの狂人であるならば、「自分だけがなぜこう狂っているんだろう」と、「健常者」に対して嫉妬と羨望の眼差しを向ける必要もなくなります。それは人生を生きやすくしてくれる考え方ではないでしょうか。

もちろん、症状には固有の苦しみがありますし、症状に苦しんでいる現状を「それこそが君らしい生き方だ」と言って全肯定するようなことはできません。しかしそのような苦しみは、その人が自らの人生において何か不満足な、納得できないものを抱えているからこそ生まれるもので、決して不健康だから生じるのではありません。

自分なりの〈生き方〉を見つけられていない、あるいは本当は望んでいない〈生き方〉を選んでしまっているという負い目から、苦しみはやってきます。だから重要なのは、**症状をなくして健康になることではなく、その人が自分自身で納得できる〈生き方〉へと踏み出していけるようになる**ことなのです。

そう、それこそが精神分析の目的だと言えます。

◉〈理想〉に苦しめられないこと

大体からして「健康」の定義などというものは曖昧で、時代につれて変わる程度のものでしかありません。完全に健康な人というのはいないですし、ある面では健康であっても、他の面では不健康そのものだとか、その時代には健康だったかもしれないけれど今から見たら狂人にしか見えないという例も珍しくありません。ということは「健康」はつねに到達できない〈理想〉として、私たちに負い目を与え続けるのではないでしょうか。

ある意味で、**精神分析は〈理想〉に苦しめられなくなるための営みであるとも言えます。**〈理想〉は人生の目的として重要かもしれませんが、それはつねに「いまだ手に入っていないもの」、高嶺《たかね》に咲く花です。手に入ったら、もはや理想ではなくただの現状になってしまいますから。

だからこそ私たちはつねに〈理想〉に手が届かず、苦しみます。理想的な自分は遥か彼方にあり、今の自分は卑小で恥ずかしい人間だと悩みます。精神的な苦しみというのも、そこからやってくるわけです。

ですから精神分析の実践とは、何らかの理想を押し付けるものであってはなりません。**「こうあるべき人間像」に患者を同一化させるようなことは、精神分析のすることではないのです。**

確かに「明るく健全な人」とか「他者に寛容な人」とか「不快な感情に耐えられる人」は文句なく健康で理想的に見えます。しかしそれでも、精神分析は理想的な人間の形成を目指すものであってはならないのです。なぜなら、患者が理想的な人格を手にできたとしても、ひとたびそこから外れてしまえば、また苦しみに逆戻りしてしまうからです。

念のために述べておきますが、だからと言って、全く反理想的な人間を作ろうというのではありません。第一、それはそれで、反理想を〈理想〉にしていることになりますから。それは単に反転しているだけで、構図は変わっていません。

◉精神分析の主体は患者である

精神分析の臨床とは病気の人を健康にしたり、歪んだ人格を矯正したりすることではありません。詳しくは第二章で述べますが、精神分析とは、分析家が能動的に患者を治療・矯正するものではありません。能動的なのはむしろ患者の方で、**患者自身が、自らの抱えている悩みや生きづらさを主体的に解決していくことが精神分析の主軸になります。**分析家の役割はあくまでそれを援助することなのです。

「援助」などという言葉を使うと、臨床心理学と近いものだと思われるかもしれません。なるほど医学的な〈治療〉ではないという点で、両者には近いところがあるかもしれません。しかし臨床心理学が結局、クライエントが何らかの意味で「健康」になることの援助である以上、それは精神分析とは根本的に異なっています。

あるいは「患者自身が自分で解決するのなら、分析の場に来なくても、家に篭って一人で考えていればよいのではないか」と疑問に思う向きもあるでしょう。しかしここで重要なのが、**精神分析は無意識を扱う**ということです。無意識というのは、その人が「考えるまい」と抑圧しているもの（7頁）ですから、一人で考え込んでも、無意識はつねに隠れ続けます。どれだけ内省しても、結局無意識を抑圧することにしかなりません。無意識を表に出すためには、分析家という他者の存在が必要なのです。

◉ポジティブな〈開き直り〉に向けて

いろいろ議論を重ねてきましたが、結局、精神分析を受けると、どんな良いことがあるのでしょうか。

これは本書の結論となるような問いですが、初めに一つだけ言っておけば、精神的な問題を自ら解決することができ、悩みや苦しみがなくなるであろうことは確かです。

それは分析によってその人が「健康」になったからではありません。そうではなく、自分自身の〈生き方〉を見つけられたことによる効果として、これらが消え去るのです（繰り返すように、悩みや苦しみの除去が分析の目的ではありません）。こうした〈生き方〉は誰に強制されたものでもなく、自分自身が「これでよい」と納得できたからこそ見出せたものなので、それだけ満足ができます。

これは「自己実現」というような輝かしいものというよりも、一種の開き直り、つまり「自分はこんな人間だから仕方ない」というような居直りだと考えた方が良いでしょう。

またしてもネガティブだと言われそうですが、それは実のところ、根源的な自己肯定を意味します。「〇

○ができない自分に価値なんてない」「○○に失敗したら人生終わりだ、生きる資格がない」という考え方は苦しいもので、**「何かをできる限りでの自分」**しか肯定できません。失敗が続いたりすると、自分がとても価値のない存在にしか見えなくなってしまいます。

しかし居直ってしまえば、自分がどんな人であっても肯定できます。それは**「自分は自分の望む生き方をしている」という自信**から来るものでしょう。ある種の〈後ろめたさ〉がなくなるのです（この〈後ろめたさ〉については第六章の168頁でも触れます）。

この〈後ろめたさ〉というのは誰に対するものでもなく、自分自身に対する〈後ろめたさ〉です。「自分にはもっと別のやりたいことがある、でもできていない……」という負い目の感情です。それがなくなれば、根源的に救われます。神様や「○○様」に救われるのでもなく、自分を自分で救うことができるのです。

しかしこれほど「言うは易く行うは難し」という言葉が似合うものもありません。自分を根源的に肯定するためには、普段自分が見ようとはしていない否定的なもの（恥ずかしいもの、情けないもの、弱いもの、許せないもの……）ととことん向き合うことが必要になります。

そしてそれができるのは、無意識の問題を徹底的に追究する精神分析を措《お》いて他にはないのです。

◉なぜフロイトに帰らなければならないのか

さて、ここまでは精神分析と他の「心の治療」の違いを強調してきましたが、だからといって、精神分析がこれらと全く相容れないわけではありません。特にわが国では精神分析があまり普及していないこともあり、精神科医や臨床心理士をしながら、精神分析の知見を取り入れた臨床を行っているという人も大勢います。実際、精神医学や臨床心理学にとっても、精神分析の考え方は大いに益するところがあるでしょう。

しかし、それでも筆者が精神分析の固有性を強調することには理由があります。なぜなら、それこそラカンが目指したものに他ならないからです。ラカンは、当時の精神分析には経験を離れた原理的・超越論的な問いが消えてしまっており、心理学などと変わらなくなっていると厳しく批判しました。

実際アメリカでは、精神医学が精神分析を大きく取り入れたものの、いつの間にか精神分析を飲み込んでしまい、精神分析家の資格に精神科医であることが条件となるといった状況でした。つまり、精神分析の地位の独自性が脅かされようとしていたのです。

しかしラカンにとって、こうした状況は、フロイトの精神《スピリット》を殺すことに他なりませんでした。当時は精神分析の発展によって、あたかもフロイトが乗り越えられたかのように考えられていました。フロイトを読むよりも、より進んだ精神分析理論を勉強すればよいと考えられていたのです。しかしラカンはそうした状況に反して、フロイトのテクストに戻って、後継者たちが目を向けなかったさまざまなテーマを定式化しようとしました。

「フロイトへ帰れ」というスローガンは、本書の読者であれば聞いたことがある方も多いでしょう。このスローガンは、「精神分析が精神医学や心理学に取り込まれようとしている現状に反し、フロイトが精神分析に込めた固有の精神《スピリット》を取り戻そう」という主張とも捉えられます。

ですから私たちもラカニアンとして、精神分析の固有性をあくまで主張し続けなければならないのです。

●まとめ――効率化とは別の仕方で生きること

精神分析は精神医学とも臨床心理学とも異なった独自の臨床実践です。それは心理的異常の改善ではなく、それぞれの患者が納得のできる生き方を見つけることを目指します。効率至上主義の現代において精神分析は力を失っていますが、それは効率とは全く別のものを目指す営みです。時代に別のもの《オルタナティブ》を差し出す営みとして、精神分析には依然価値があるはずです。

――以上が本章の議論のまとめです。

次章では、精神分析固有の問題について、より踏み込んで考えてみたいと思います。テーマは「自我と主体」、そして「一般性と特異性」です。それらを通じて、精神分析の臨床のあり方を、より具体的に理解していただくのが目的です。

私たちの旅はまだ始まったばかりです。先は長いですが、倦《う》まずに進みましょう。

第二章　自分を救えるのは自分しかいない
――精神分析が目指すもの

◉意味のあるものは解釈ではない

「精神分析を研究しています」などと初対面の人に告げると、「私の精神を分析してみてくださいよ」などと言われることが多々あります。

しかし、こう言われるたびにちょっと困ってしまいます。というのも**誰かの精神を分析することはできない**からです。

それは別に、筆者が精神分析家ではないからではありません。本質的に不可能なことなのです。「精神分析の理論ないし技法を知ることでその人の精神を分析できる」というような誤解は広く人口に膾炙しています。「他人の心理を支配《コントロール》したい」というような願望のもとで精神分析に興味を示すような人も絶えません。

皆が皆そういう人ではないにせよ、「精神分析とは理論と技法に通暁した専門家《エキスパート》に、自らの無意識の真理を教えてもらうものである」と素朴に思う人は多いでしょう。「あなたはいつも母親を殴っていた父親に対する強いエディプス・コンプレクスを抑圧していました。その抑圧された攻撃欲動が奥さんを殴るという形で回帰したのです」といったような精神分析的な解釈を聞くことが精神分析だと一般には思われています

（この解釈は滅茶苦茶な例ですが）。

しかし、こうした俗説は間違いだと断言できます。初めに明言しておきましょう。

意味のあるようなものは解釈ではありません。

どういうことでしょうか。

精神分析的な解釈とは普通、「患者の言ったこと《パロール》について精神分析的な意味を与えるものだ」と思われています。先ほど挙げた例がまさにそういったものです。「自分が言った何気ないことを、精神分析の理論に基づいて解釈することで、その真の意味が分かる」という考え方です。

しかしラカンに従えば、そうしたものは断じて解釈とは呼べません。精神分析の解釈とは、むしろ意味を切るようなもの、無意味なものを明らかにするようなものなのです。**患者は分析家によって自分の思考や行為の無意識的な意味を知るのではありません。そうではなく、むしろ意味があると思っていたことが実は無意味なものでしかなかったことを自覚するのです。**

●分析室《キャビネ》の風景①――自由連想とは何か

いきなり結論を述べてしまったので、狐につままれたような気持ちの方もいるかと思います。これがただの支離滅裂ではないことを理解してもらうために、実際の精神分析がどのように行われるか、その風景を描写《スケッチ》してみましょう。

まず患者であるあなたは、予約の時間に分析家のオフィスに赴きます。そして椅子に座ったり、寝椅子に横になったりします（大抵は後者です）。そして自由連想が始まります。

第一章で述べた通り（7頁）、自由連想というのは「思い浮かんだことをすべて口に出す」という作業です。重要なことを言おうとする必要はありません。ふとした思い付きでも、意味不明なことでもよいのです。あるいは恥ずかしいこと、道徳的に許しがたいこと、分析家に失礼なことを口に出しても、何ら問題はありません。**分析の場ではどんなことでも言ってよいのです。唯一やってはいけないのは、言うことを選ぶことだけです。**

……と、口で言うほど簡単ではありません。特に恥ずかしいことや分析家に失礼なことは、なかなか言えないものです。

それでも腹を括《くく》って丸裸になることが肝要です。言いたくないことを言うのが自由連想ですから、基本的にはあまり気分の良くない時間の方が多いと言えます。

◉分析室《キャビネ》の風景②——解釈とは何か

それでも、安くないお金を払っていることですし、患者は頑張って喋ろうとするでしょう。しかしながら、**分析家は基本的に何も言ってはくれません。**「先生はどう思うんですか」などと問いかけても返事はありません。延々と無視され続ける時間が続きます。

ごくたまに口を開いたかと思ったら、「へえ」や「ほう」などと頷くだけです。そうかと思えば、思い付きで述べたつまらない冗談や、本筋と関係ない些事に、妙な興味を示したりします。

そうやって話していると、突然「そこまでにしましょう」などと言われて終わりです。

「決して安くない料金を払っているのにこの冷遇は何だ！　もっとこっちは《あなたはトイレに行くことで、弟さんとの思い出を水に流そうとしたのです》みたいなことを聞きたくて来ているのに。自分が一体何を望んでいるのか、自分はいったい何なのか教えてもらいたくて、わざわざ足を運んでいるんだ。それなのに、得られたのは数度の頷きだけ。詐欺だ！」と憤る人もいるかもしれません。実際、これをお読みの方も、このプロセスのどこが「治療」なのか、訝《いぶか》しく思うでしょう。

しかし、これは何かの間違いではないのです。分析の大半が患者の自由連想で終わって、分析家は、極端に言えば何も言わないままでも、一向に構いません。どうしてでしょうか。

◉分析をするのは誰なのか

ここまでは便宜的に「患者」と記してきましたが、分析を「受ける」人のことを、ラカン派精神分析では**「分析主体」**（analysant）と呼びます。この語はフランス語で「分析すること」を意味する動詞《analyser》の現在分詞を名詞化したものです。現在分詞とは能動的な意味を持つものですから、《analysant》を直訳すると、「分析をする人」ないし「分析者」となります。

これは少し不思議ではないでしょうか。「誰が精神分析するのか」と問われれば、普通「分析家」と答えるのが自然であるように思われます。患者は分析を「受け」、分析家が分析を「する」。これが一般的な精神分析のイメージです。

しかしラカン的精神分析では、患者の方を「分析主体」と考えます。つまり、**誰が精神分析をするのかと言えば、患者自身**なのです。精神分析はあくまで患者自身による自己分析を主軸にして展開されます。

では分析家は何をするかというと、患者の自己分析に付き合い、時にその方向転換をしたり、「こういう内容を考えてみなさい」と促したりします。それは広い意味での「方向づけ《ディレクション》」と言えるでしょう。分析主体の自由連想が向かうべき方向を示唆するのです。

このように、分析家の役割はあくまで補助的なものです。分析家は決して患者を支配《コントロール》したり、何らかの教えを説いたりはしません。分析家は「教師」ではありません。精神分析道場の「師範代」でもありません。分析家はおよそ「師」と名前の付くものから最も遠い存在です（ちなみに、この「師」をフランス語で言うと《maître》になります）。

そう、だからこそ、分析家は「意味を持った解釈」を患者に与えないのです。もしそれを与えてしまえば、患者を支配することになってしまいます。なぜなら、それは患者に自分の言っていることを理解するための「正しい道」を教えることだからです。それはまさに教師の立場と言えるでしょう。

そうなると、分析の主役は患者ではなく分析家になってしまいます。患者が言うことは単なる素材に過ぎず、分析がうまくいくかどうかは、分析家がいかに素晴らしい解釈を作り上げられるかに委ねられるというわけです。

しかし断言しますが、そんなものは分析家の独り相撲に過ぎません。最終的には患者のことはどうでもよくなって、分析家の自己満足に終わるに違いありません。

◉他人を理解することはできない

大体からして他人の心の中なんて分かるわけがないのです。「他人の心を理解するために心理学や精神分析があるのではないか」と思われるかもしれませんが、それは大きな間違いです。

もちろん、日々の生活の中では他人の心が分かったような気になることもあります。しかしそれは大抵の場合、①**一般論を当てはめているだけ**、②**自分の心理と他人の心理を混同している**、のどちらかです。

他人の心を理解したり共感したりする場合は必ず「まるで自分のことのように思える」ものです。しかし翻って考えれば、それは私たちが「他人が自分と共通して持っている部分」しか理解できないということを意味しています。②のタイプの理解はまさにそういったものですし、①のタイプにおいても同じです。「人間の心理はみな○○である」というような一般論で語られる心理の構造は、人がみな普遍的に持っている（と思われている）ものですから、つまり自分と相手に共通する部分ということになります。

しかし私たちは本来、各々が特異な存在であるはずです――異論があるかもしれませんが、少なくとも精神分析はそう考えています。理解や共感は、各々が持っている〈一般的なもの〉しか相手にすることができません。しかし私たちはみな**決して他者とは共有できない部分**を持っているはずです。それは**特異性**と呼ばれます。特異性は他人が理解したり共感したりできないものであり、一般論で語ることができません。

精神分析によれば、そうした特異性こそが、各人の本質的なものを形成しているのです。だから、**いたずらに他人を理解したり共感したりすると、他人が持っている特異性を殺すことになってしまいます。**理解や共感は、結局他者の他者性（異質性、と考えてもよいでしょう）を排斥することにしかなりません。

◉患者を理解してはいけない

したがって分析家が精神分析理論に基づいて患者を理解したり共感したりしようとしても、①一般論の当てはめに終わるか、②分析家自身の自己分析になってしまうか、のどちらかに終わってしまいます。ですから、患者を理解しようとすることは、碌《ろく》な結果をもたらさないのです。

「患者を理解しようとしてはならない」――この言葉は、ラカンが後進の分析家たちに口を酸っぱくして説いた箴言《しんげん》です。**精神分析が目指すものは、患者の理解ではないのです。**

よく臨床心理士向けのマニュアル本には、「患者への共感を示すことが重要である」というようなことが書いてあります。しかし、ラカン的精神分析の観点から言えば、共感を示したところで、何の意味もありません。むしろそれは、患者の他者性や特異性を殺し、一般の枠組みに当てはめようとしているだけなので、避けるべきだとされます。「人はみなそういうものですよ」とか「あなたの気持ち、まるで自分のことのように分かります」などといった、一見して優しい言葉の中に秘められた一種の暴力に、分析家は敏感でなければならないのです。この暴力は、特異性を亡きものにする暴力です。

精神分析が目指すもの、それは患者の特異性に他なりません。分析を続けていくと「本当の自分」が分かったように思えるのは、自らの隠れた特異性に、わずかでも触れることができたからです。特異性を抉《えぐ》らずに得られた理解など、人生において大した役には立たないでしょう。

それでは、精神分析はいかにして特異性を目指すのでしょうか——理論も技法《テクニック》も通用しないというのに。また、そもそもの問題として、なぜそこまで特異性が重要なのでしょうか。

その謎を、これからじっくり解き明かしていきましょう。

◉〈新しいもの〉を発現させる

わたしたちは日常会話において、結局いつだって同じようなことばかり話します。「自分はダメな人間だ」と思い込み続けたり、もう幸せなんてないと絶望し続けたり、あいつは絶対に許せないと恨み続けたり、もう嫌だと思っても気付けばまた同じ悩みに陥っているものです。

時や場所が変わっても私たちの言うこと《パロール》が変わらないのは、私たちがいつだって同じような性格で、同じような考え方をしているからでしょう。しかし、そうであるがゆえに懊悩《おうのう》や苦しみから一向に楽になれないことも確かです。そうした〈同じこと〉の反復から抜け出すためにはどうしたらよいでしょう。

実のところ、そこから抜け出すためには決して共感しないような他者がいることが肝要です。そう、それこそが分析家の役割です。

　分析家は普通に共感できそうなことにも共感しないような態度を取るものです。そのことによって患者は、「あれ、普段の会話と違うぞ。どうしてこの人はそう不思議そうにするのだろう。自分の言ったことは何かおかしかったのだろうか」というように思います。何らかの意味があると思って発言したことでも、本当にその意味で言っていたのか、そもそも意味があるのか、分からなくなります。いわば、自分の発言《パロール》が宙づりにされるわけです。

　そう、先ほど述べた「意味を切る」とは、そういうことです。そしてそこから思いもよらない新しいことを言えるようになるのです。

　分析家の解釈は、意味を切ることによって、分析主体の発言《パロール》に切れ目を入れます。そしてその切れ目から、全く新たな発言《パロール》が出て来られるようにします。**分析の解釈とは〈思いもよらなかった新しいこと〉を言うよう、患者を促すためのものです。**

　よくある誤解ですが、分析家は患者の無意識の中身が分かっているわけではありません。あくまで意味を切ることのできるポイントを探しているだけです。そこを切ると〈もっと他のこと〉が出てくるような箇所を見つけて、それに反応しているのです。

　そうした点を見つけるためには、患者の言っていることを決して理解しないようにしなければなりません。普通の会話においてはすんなり理解できるようなことを、あえて理解せずに聞くことが重要です。なぜなら、**そこから普段なら口にしないような〈もっと他のこと〉を言えるようになる**からです。

　他方、患者を理解して、意味をもった解釈を与えれば、そこで話が終わりになってしまいます。〈もっと他のこと〉は決して出てきません。

　なるほど、意味のある解釈によって患者は、分析家が望むような「精神分析的な意味付け」を新しく行えるようになるかもしれません。しかしそこでも、話の進む方向や帰着点《オチ》は固定されてしまいます。そこから何も新しいことは生み出されません。ここで言う「新しいこと」とは、「それまで精神分析理論が考えもつかなかったような新しいこと」というレベルのものなのです。

◉解釈に意味はない

だから解釈は、「ほう」とか「へえ」とかいう頷《うなず》きでもよいし、話の主旨と全く関係のない細部を追求するようなものでもよいわけです。

例えば、「私はその日、朝の十時に家を出て……帽子を被って出たんですけれど……彼と会った時に睨《にら》まれているように思って……もう目が見られなくて……」というようなことを患者が言ったとします。

そこで普通のカウンセリングならば「それは辛かったですね……他にどういう時に同じような気持ちになりますか」などと、共感しながら聞き返すでしょう。あるいは、一般的にイメージされている精神分析では「あなたの父親に対する恐怖が彼に転移したのです。目とは、あなたに欠けている知性の象徴です」というように意味付けをするでしょう（これもまた、意味不明な解釈ですが）。

しかしラカン的精神分析においては、「帽子を被っていたんですか。帽子が好きなんですか。よく被るの？」というような解釈をするものです。言うまでもなく、この話《パロール》において帽子云々は大した意味を持っていないわけですが、**だからこそ分析家はそこに注目する**のです。なぜならそのことで、この話をした時には思いもしなかった、帽子に関する問題が発覚するからです。そこから、何か重要なことが出てくるかもしれません。[*1]

分析家の解釈は大抵の場合突飛で、面食らわせるようなものです。しかしそういう一撃《クー》があるからこそ、全く新しいことが言えるようになるのです。なまじ自分の言ったことが理解され、共感されれば、それに味を占めてしまい、症状が改善されないまま、いつまでも同じような話をし続けるでしょう。それでは人生の転機など訪れません。

◉変動時間制セッションについて

極言すれば、解釈は無言でもよいのです。返答すべきところであえて沈黙していることは、むしろ強力な解釈になり得ます。

精神分析における「解釈」のもっとも独特な例は「セッションの中断」でしょう。心理療法における面接《セッション》には大抵、四五分や六〇分などといった規定の時間があります。しかしラカン的精神分析においては基本的に、一定の時間を決めない**変動時間制セッション**を導入しています。これは一定の時間が来たら面接が終了になるのではなく、**患者が話している途中で突然セッションを切り上げる**というものです。だから患者としては、自分の話がいつ打ち切られるか分からないのです。

一般的にカウンセリングにおいて重要なのは、親身になって（「共感」して！）患者の話を聞いてあげることだと言われています。ですから患者が話している途中で急に、「もういいです」と突き放してしまうようなセッションなど、とんでもないと思う人も多いでしょう。

実際、変動時間制セッションは、ラカンが国際精神分析協会（International Psychoanalytic Association：略称ＩＰＡ）から除籍される大きな要因になりました。ＩＰＡでは面接時間が四五分に規定されていたのですが、変動時間制セッションではそれより早く終わることのほうが多く、「短時間セッション」などと呼ばれました。

「短時間」などと言うと、なんだか分析家が妙に楽をしようとしているように思われてしまいます。しかし、変動時間制セッションはズルなどではなく、極めて理に適ったセッションのやり方なのです。

なぜなら**セッションの切り上げとは、まさに〈切る〉ことに他ならない**からです。分析家は、分析主体の言ったことになんらかの意味を付け加えるのではなく、むしろセッションの中断によって、話を中止《ストップ》させます。それは患者がその後に言おうと思っていたこと、つまり「意味しようとしていたこと」を切ることを意味します。

そうすると患者は、「その後に別のことを話していたならば気にしなかっただろう、何気ない一言」に向き合うように促されます。つまり「**今しがた何の気もなしに発した一言には、何か〈もっと他の〉意味があったのではないか**」と省みることができるのです。そこから、あらかじめ〈言わんとしていたこと〉とは別のことが頭に思い浮かぶ（かもしれない）のです。

比喩的に言ってみると、話題という名の列車が目的地《オチ》に着く前にレールが切断されることで、列車は彷徨と暴走を始めます。そこで、予定とは全く異なった目的地に到着してしまうのです。

「……何を言っているんだ、私は」「……何を言おうとしていたんだっけ……」と戸惑うことが重要です。分析においては、自分の言っている意味が分からなくなり、道に迷う瞬間がなければなりません。考えもしなかった抜け道が見つかるのは、まさにその瞬間なのです。

＊1（35頁）この挿話は以下の文献を参照しました。新宮一成編『意味の彼方へ——ラカンの治療学』金剛出版、一九九六年、223-224頁。

◉無意識の発言《パロール》

勘の良い方はお分かりでしょうが、この「〈言わんとしていること〉とは別のこと」こそ、無意識の発言《パロール》に他なりません。

無意識が現れた時、それは患者にとっては「思いもよらなかった新しいこと」と受け取られるでしょう。「自分がこんなことを言うなんて思いもよらなかった」というものです。

分析家はそのようにして無意識を現れさせるのです。そうすると「自分は○○だと思っていたけど、実は違う見方もあるのではないか」と、見直し《リビジョン》を行うことができ、考え方や物の見方を修正《リビジョン》することができるようになります。そういうところから、だんだんと新しい人生が拓けてくるのです。

ただし重要なのは、**変われるのはその人自身によってのみであるということです**。他人が「変われ」と言って変われるものではありません。分析家は、患者の人生を変えることなどできません。患者自身が自分で変化を遂げられるよう、補助することしかできません。

そのために「意味を切る」ことが必要になるのです。分析家は意味を切って、〈もっと他のこと〉を話すよう患者を促すだけです。そこからどんな〈新しいこと〉を生み出すかは、患者自身の手に委ねられているのです。何せ、分析の主体は患者自身なのですから。

◉自我と主体の区別——自我心理学との違い

さて、議論をもっと明確にするため、ここで**自我**（[仏] moi ［英］ me）と**主体**（[仏] sujet ［英］ subject）という二つの概念を導入しましょう。普通ではどちらも同じような言葉として扱われますが、精神分析用語としては、対極と言ってもよい関係にあります。

自我というのは私たちが普段考えている「自分」の像のことです。**客体化（対象化）された自分**と言ってもよいでしょう。

詳しくは次章で議論しますが、こうした「自分」の像というのは〈他者〉に支えられたイメージによって構築されています。自分の像、自己イメージといったものは〈他者〉を通して作り上げられた虚構《フィクショナル》的なもので、それが人間の本性ではありません。

にも拘わらず、ラカン以前の精神分析（ここでは**自我心理学**）では、自我は自律したものだと思われており、「自我を強化すること」こそが精神分析の目的だとされていました。そしてそのためには「自我が不合理な混沌《カオス》である無意識に負けないようにする」ことが重要だと考えられていました。自我の強化によって症状も治ると考えられていたのです。

しかしこうした考え方は、言うなれば意識によって無意識を支配《コントロール》することに重きを置くものであり、さらに言えば、「理性の力によって不合理なものを制御しよう」という近代的な**理性主義**を信じすぎています。

しかし、現代の私たちはもはやそこまで理性の力を信じられません。それに、そうした考え方は「理想的な自我をもつ人を作り上げること」を目標にしてしまいます。しかし前章で批判したように、精神分析は〈理想〉を目指してはならないのです（21頁）。

またなにより、こうした考え方をしていては〈思いもよらなかった新しいこと〉は決して生まれません。患者が少しばかり強くなって、自分を統御《コントロール》できるようになるだけです。〈思いもよらなかった新しいこと〉を目指すのが精神分析ならば、自我を相手にしていてはなりません。

◉精神分析にとって主体とは何か

ラカン的精神分析が相手にするのは、自我ではなく主体です。ラカンは自我の自律性を信じません。なぜなら、自我とはあくまで二次的な「作られたもの《フィクション》」でしかなく、より本源的なのは、主体の方だからです。そしてこの主体とは**自我の抑圧をはみ出すような無意識の主体**です。

……これだけでは説明が不十分でしょう。しかしこの主体というのがまた、非常に厄介な概念なのです。これが一般的に用いられる語であるだけに、なおさらその独特な意味を説明することが困難です。

実際「主体」という言葉は、「患者」とか「その人」といった一般的な意味でも用いられます（本書でもこうした意味で「主体」という言葉を使うことがあります）。しかし重要なのは、「主体」のもつ精神分析的な意味です。

一般に「主体的に振舞う」とか「主体性を持つ」と言うと、「自分自身で考える」「自分一人で行動する」といった意味になります。しかし精神分析でいう主体には「能動的なもの」「統御するもの」「理性的なもの」「意識的なもの」という性格が全くないとお考え下さい。主体は考えようによっては受動的とも言える存在です。

それからもう一つ重要なのは、**主体には実体がない**ということです。つまりどこかに主体なるものが、目に見えるような形で存在しているわけではないのです。

そもそも目に見えるような形で存在している時点で、それは対象《オブジェクト》になっているわけですから、言葉の上でも主体《サブジェクト》とは言えません。客体化された自分というのは、先述の通りむしろ自我のほうです。

だから、主体の存在を立証するために数字などのデータに頼っても、意味がありません。同様に「私の主体はこういうものだ」と語ることもできません。語ることも対象《オブジェクト》化の一つですから。

では、どうやって主体を考えればよいのでしょう。

◉主体は〈生じる〉ものである

哲学的にはあまり正しい表現と言えないでしょうが、**主体は〈存在する〉ものというよりも、〈生じる〉ものと考えるべきです。**

主体は、普段は潜在的なものとしてしか存在していません。だからどこかに主体を探しても、決して見つかりません。

それでも、ほんの一瞬、何かのアクシデントのような形で、ふっと主体的なものが生じることはあります。しかし、それを説明しようとするともうどこかに居なくなっている――主体とは、そういったものです。

これは無意識も同様です。無意識というものは、例えば脳のどこかを探しても見つかりはしません。こう言ってよければ、無意識を実証することは不可能です。

科学的イデオロギーの信奉者はよく、「証拠《エヴィデンス》がない以上、無意識の理論に意味はない」と批判します。しかし無意識には定義上証拠がないのです。だから証拠《エヴィデンス》を示せというのは理不尽な要求です。

このように無意識の主体は実証不可能ですが、それでも、精神分析はやはり無意識の経験があってこそ成り立っています。それは「無意識的なものが生じた」としか言うことのできない経験です。

もっとも代表的なのが**失錯行為**と呼ばれるものです。ケアレスミス、忘れ物、失言、言い間違い等々、日常生活でこういった失敗をしでかすことは決して推奨されません。もしやってしまったとしたら、「うっかり者」「注意不足」と言われ、否定的なものとして扱われてしまうでしょう。

しかし精神分析おいては、そうしたミスが積極的に扱われます。つまり、そこで無意識の主体が姿を見せたのだと考えるのです。どういうことでしょうか。

こんな例を考えてみましょう。

彼には、あるところに送付しなければならない書類があった。それは、この前亡くなった祖父の遺産を相続するために必要な書類だった。

彼はこの頃金欠だったため、遺産相続は願ってもない幸運だった。あいにく、祖父の晩年における放蕩のため、大した額は貰えないようだったが、どうやら、小遣い程度にはなりそうだ。

書類はなるべく早く送った方が良いだろう。相手先には明日までに送るようにと指定されている。彼は余裕をもって今日中に送ることにしたが、今日は一日中オフィスを離れられない。そこで、出社前に郵便局に寄ることにした。

だがそんな日に限って、彼は遅刻寸前の時間に目覚めてしまう。結局、郵便局に寄れなかった。まあ明日の消印まで有効なので、明日早起きすればよいだろう、と彼は気を取り直す。

次の日は早く起きられたが、なんと封筒を持って出るのを忘れてしまった。昼頃に相手先からかかってきた電話で、初めてそのことが分かった。「まずい！」と彼は焦る。電話で相手が言うには、そのまた次の日が本当にギリギリの締め切りである。

翌日は仕事が休みだったので、彼はどうにか郵便局に行って必要書類を送付できた。しかし帰り道、昼食を食べようとラーメン屋に寄ったところで気づく。郵便局に傘を忘れてきたのだった……。

◉彼は本当に寛容だったのか

ここで、彼が忘れ物を繰り返してしまったのはなぜなのでしょうか。

彼は遺産相続を願ったりかなったりの幸運だと思っていました。祖父は大変厳格な人で、彼は祖父のことがあまり好きではありませんでした。亡くなってくれて、ほっとしたくらいです。だから遺産を受け取ってせいせいしたかったはずです。それなのに、なぜ失錯《ミス》を繰り返してしまったのでしょうか。

彼が祖父のことを好きでなかったのは、父親譲りでした。父もまた、自分の父との仲があまり良くなかったのです。

彼の父親は厳格なところがない柔《やわ》な人で、いつも妻の尻に敷かれていました。父はなんでも自由にさせることを良しとし、彼もその寛容な考え方を好んでいました。人に強制をせず、自分の考えを押し付けず、それぞれが自由にやりたいことをやれるのが一番だと考えていました。

しかし、実はそうとばかりは言えなかったのです。彼は近頃別れたばかりの恋人のことを思い出しました。彼女は別れ際に言い放ちました。「あなた身勝手な人だよね」

考えてみれば、彼女にはいろいろと我が儘《まま》を言ってきた気がします。自分はただ甘えているだけのつもりでした。それも「嫌ならいいんだよ」とつねに付け加えることを忘れずに。

しかしこの留保は、実際にはほとんど意味がなく、相手が事実上断れないような状況に追い込んでいたことに気づきます。実際にはけっこう強制していたような気がしてきました。なぜか彼は、女性に対してだけは強権的になってしまうようなのです。

◉女性への屈服の恐怖

彼は父のようにありたいと思っていました。しかし実は、父には尊敬できないところがありました。それは、女性に対する屈服です。父が母の尻に敷かれている姿だけは、彼は見たくありませんでした。

祖父は晩年まで小金持ちだったので、よく父に小遣いを渡していました。彼の家庭も決して豊かとは言えませんでしたから、父は小遣いを受け取るために、祖父が家に来た時はヨイショするような態度をとっていました。祖父から「褒美」を受け取る父を見るたびに、彼は「まるで情婦みたいに媚びた態度だ」と苦々しく思っていました。

そう、彼の中には「女性に屈したくない、女性のように平伏した態度をとりたくない」という、隠れた〈本音〉があったのです。

強制を避け、自由主義者の態度をとったのも、こちらが強制的に振舞えば、他人からも強制されてしまう危険性があったからです。でも女性に対してだけは、彼女（ら）に屈服してしまう恐怖が強く、そうなる前にこちらから先制攻撃を仕掛けていたのでした。

それは結局、「父のようにはありたくない」という願望でした。彼にとって祖父の遺産という「小遣い」を受け取ることは、父と同じように屈服した女性的な態度をとることを意味していました。

だから彼は、なかなか書類を送りに行けなかったのです。そして結局送ったら、自分が女性的なポジションに置かれてしまったように思ってしまいました。そのことを、傘という男性的なシンボルを置き忘れるという失錯行為で示していたのです。

◉〈もうひとつの自分〉に気づくこと

長々と説明してきましたが、先述の通り、重要なのはこうした「意味」を云々することよりも、そうした忘れ物をするという行為に潜む、自分の「別の欲望」に気づくことなのです。**それに気付いた時「自分は父を尊敬する寛容な人だ」という自己イメージ（＝自我）に反する、無意識の主体が姿を見せるのです。**自分の信条を裏切ってしまうような、「そんなこと願うはずもない」と思っていたことを願っているような、もうひとつの〈自分〉が発現する瞬間が、そこにあるのです。しかしこうした主体の出現は一瞬のもので、次の瞬間にはもう残っていないでしょう。

精神分析において分析家は、こうした無意識の主体の姿を見せようとします。

例えば彼が分析室で以上のエピソードを喋ったとして、「……なんだかドジっ娘みたいなヘマですよ」と言った時に「ドジっ娘？」と聞き返すといった具合です。この発言に出てきた女性的なものを指摘することによって、それまでこの「郵便物出し忘れ騒動」と関係があるなどと思わなかった女性的なものに話が向き、忘れ物はただのニアミスではないことに気づきます。**自分でそう思っている自分とは別の〈自分〉が、そこで作用していたことに気づくのです。**

反対にそうした指摘がなかったら、忘れ物の原因として「仕事が大詰めで疲れていた」だの「あの郵便局の局員は愛想がなくて好きではない」だの、なにも生み出さない言い訳がでっち上げられて、それで済んでしまっていたことでしょう。

◉主体は一瞬のうちに逃げ去る

と言っても、分析家が以上のような説明をくどくど展開するようなことはありません。そもそもああいった説明は、分析主体がそれを喋ったあとになって事後的に構築できるものに過ぎません。

それに、ここで明らかになった「自分は父を軽蔑し、女性的な屈服を恐れる人です」という像もまた一つの（新たな）自我に過ぎません。それはもはや主体ではありません。無意識の主体の場所はまた別の位置にズレています。つまりそこでは、**すでに無意識に対する新たな抑圧が働いてしまっている**のです。

「偽の主体としての自我の外に、真の主体としての無意識の主体がある」という考え方は正しくありません。存在するものは自我だけです。主体は（潜在的にしか）存在せず、一瞬〈生じる〉ものでしかありません。だから主体を白日の下に曝け出して、そのありようを語ろうとしても無駄です。そうしようとした時には、主体はもはやどこにもないのですから。

主体とはつねに〈もっと他のもの〉でしかありません。主体はつねに「それではないもの」「これまでの考えでは説明できないもの」として現れます。「自分が言おうとしたこととは別のことを言っている〈自分〉がいる」というように、**主体とは二重性そのもの**だとも言えるでしょう。

したがってできることは、自分の中にある二重性を見て取ること、〈もっと他のもの〉に気づかされることです。経験した出来事のうちに主体の発現の痕跡を見出すこともありますし、あるいは分析中に言い間違いなどをしてしまい、その場で主体が現れることもあります。

◉特異性と一般性の相克

ここまで議論を進めたところで、ようやく中断していた問いに戻ることができます。それは、「なぜ精神分析は特異性を目標にこだわるのか」という問題です（33頁）。

特異性が重要な理由は、まとめてしまえば次のようなものです。つまり、**「特異性が排除されることによって、無意識の主体が生まれるから」**です。

どういうことでしょうか。繰り返すように、私たちの本質的な部分は特異的です。しかし、私たちが完全に特異的なだけの存在であれば、一切のコミュニケーションが不可能になってしまいます。だから、私たちは生まれて間もなく〈一般的なもの〉を導入《インストール》し、その中で日々を送ることを余儀なくされます。

自我とは、この〈一般的なもの〉の導入によって生まれるものです。自我は他者との関わりの中で生まれてくる「自分」であり、他者に見られる限りでの「自分」です（詳しくは次章で述べます）。そこには、決して他者が見ることのできない特異性が欠けているのです。

特異性が排除されている以上、一般性の世界は完璧になりません。一般性の世界に入るということは、自分の大事な特異的なものを手放すということに他なりません。そうして生まれた一般性の世界では、つねに「一番大事なもの」が欠けているため、どこか居心地の悪い世界になります。

この根本的な居心地の悪さがあるからこそ、無意識の主体が生まれるのです。先述の通り、無意識の主体は〈ハプニング〉として姿を見せます。もし一般性の世界に満足しきっていたら、わざわざそんな厄介なことを起こそうとはしないでしょう。しかし心の奥底で不満を抱いているからこそ、失錯行為という形で、反抗を示してしまうのです。

精神分析は無意識の主体を現れさせることを目指します。そしてそれは**最終的には一般性の世界を食い破って、特異性を出現させることを目指す**ことになるでしょう。分析が最後まで進んだならば、それまで一般性の世界にはなかったような、〈全く新しいもの〉が生まれるはずです。

なるほど、「そんな〈全く新しいもの〉（特異性）を発現させたところで、患者に何か良いことはあるのか」と訝《いぶか》る人がいるかもしれません。「心の治療はあくまで症状をなくすためのもので、特異性云々は、あくまでプラスアルファの問題でしかないのではないか」と。

いや、そうした意見に対してははっきり言いますが、**特異性が出てこない限り、症状の苦しみはなくなりません。**なぜなら、そもそも無意識的な症状の苦しみは、**一般性の世界で特異性が排除されるという、根源的な不満に基づいたもの**だからです。

といっても、特異性が発現すれば症状が全部消えてしまうというわけではありません。ただ、症状に苦しむことがなくなるのです。

どういうことでしょうか。そもそもなぜ人は症状に苦しむのでしょうか。その原因をここに挙げ尽くすことはできませんが、大きな原因の一つは「**症状を持っていると、自分が世間一般の標準から外れてしまう**」というものでしょう。

「私は社会不適合者だ。いつまで経っても症状が治ってくれない。普通の人はこんなことで苦しまないのに。皆が普通に克服できることが、自分にはなかなか乗り越えられない。こうして苦しんでいる間にも、みんなは仕事に趣味に恋愛と、人生を享楽《エンジョイ》しているのに！」。こんな嘆きを聞いたり言ったりすることは、誰しもあるでしょう。

こうした懊悩は、特異性と一般性の相克によって生まれるものです。多くの人が「皆と同じでありたい、社会的成功を果たしたい、誰にでも好かれる人になりたい」と思います。しかし症状はそれを阻害しにやってきます。肝心なところでしでかす忘れ物や失言、注意不足（失錯行為）、早く立ち直って日常生活に戻りたいのに罪悪感が消えてくれない……症状は一般性の世界での成功を台無しにしにやってきます。

こうした症状的な失敗が生じるのも、排除された特異性が自らを主張するために他なりません。一般的な「基準」に見合った人間になろうとすればするほど、特異性は暴力的に自らの姿を現そうとします。その結果が、諸々の悩みや症状なのです。

◉特異性と〈うまくやっていく〉こと

したがって、特異性と一般性の間の相克にけりがつかなければ、根本的な苦しみが消えることはありません。

といっても、それは一般的なものを捨てて、特異性の中だけで生きるということを意味するのではありません。それでは他人とコミュニケーションが取れず、世捨て人のような状態になってしまうでしょう。

一般性の間の相克は、どちらかの勝利によって終わるものではありません。それは構造的に不可能です。ただ、**両者との上手い付き合い方**、フランス語で言うと《savoir y faire》（英語では“get along”）していくやり方を分かるようになるのでしょう。

そして問題になっているのが特異性である以上、上手い付き合い方を見つけられるのは自分だけです。

――しかし、心配することはありません。分析家という強力な援助者がついていてくれるのですから。

◉個性と特異性――精神分析から見たゆとり教育

本章を終える前に一つ明確にしておきたいことがあります。それは、**個性と特異性の違い**です。

筆者（一九九四年生まれ）のような世代が受けてきた教育は、「ゆとり教育」と呼ばれます。そしてゆとり教育は、個性重視の教育として知られています。だから筆者の世代の人ならば、「自分の個性を開花させなければならない」というような指導を、嫌というほど受けてきました。現在でも、それぞれの人が自分の個性に見合った能力を発揮することは重要だとされています。

精神分析もまたそのような個性重視の風潮と同じでしょうか。いや、実は根本的に異なっています。なぜなら、つまり、ゆとり教育で言われている「個性」なるものは、**学校や社会という一般的なシステムに適合する限りで認められるものでしかない**からです。本当の意味で個性を重視すれば、おそらく学級崩壊が起こるでしょう。なぜならある人の個性と他の人の個性が相容れるとは限らないのですから。

個性というものは、「一般論」によって一つの視点から扱われるものでしかないのです。他方、特異性というのは、あらゆる一般論からはみ出す過剰な何かのことを言います。個性は統一的な視点ないし言語によって識別され、分類されます。言ってみれば、個性はなにがしかのデ、ー、タ、ベ、ー、ス、に登録されるものなのです。対して特異性は識別や分類の不可能なもので、データベースに登録することはできません。

だから現代社会においていかに「個性」というものが尊重され、賞揚されていたとしても、それは社会が特異性を重視していることには全くなりません。むしろ個性の重視によって、特異性の問題がないがしろにされていると言えます。「こんなにいろいろな個性を認めてやっているのだから、それと相容れないような〈個性〉（これは特異性のことです）を主張するのは罰当たりだ」というわけです。

◉個性には〈他者〉の支えが必要である

個性と特異性の区別は、自我と主体の区別ともパラレルだと言えましょう。個性とは、自我に対して言う言葉です。自我がイマジナリーなもの、客体《オブジェクト》＝対象化された「自分」で、さらに〈他者〉の支えの上に成立するということは前述しました。個性とは自我のものである限りで〈他者〉に依存しており、〈他者〉によって評定されなければなりません。

ゆとり教育の個性も、先生という〈他者〉に認められて初めて成立する客観的なものでした。また先の話を蒸し返せば、分析家が意味をもった解釈を与えると、こうした自我を保証する〈他者〉になってしまいます。それは、ゆとり教育における先生のようになってしまうということで、無意識の主体の発現からは遠ざかってしまうでしょう。

しかし厄介なのは、**〈他者〉に支えられた自我の個性は、私たちの縁《よすが》となる**ということです。

例えば、肩書に縋《すが》る人がいなくならないのもそのためです。他にも身近な例としては、血液型診断が典型的です。血液型診断は、幾度となくその非科学性を指摘されています。しかし、そうでありながら、血液型で性格を判断するような考え方が消えてなくならないのはなぜでしょうか。

私たちは自分が誰なのか、どんな人間なのか、確固たるものとして知ることができません。だから「お前はこういう者だ」という〈他者〉による規定を得られたら、真っ先にそれに縋《すが》り、「自分とはなにか」を保証してもらえたと喜ぶのです。血液型診断はその点においては優れた手段《メディア》です。私はA型だから几帳面な性格なのだ、などと手軽に「自分とは何か」を教えてもらえますから。

あるいは逆に、インターネットなどに書かれる他愛もない誹謗中傷に傷ついてしまうのも、それが曲がりなりにも〈他者〉によって提示された自分の姿に他ならないからです。それを否定したとしても、個性によって形作られるような「自分の姿」は、とどのつまり〈他者〉に依存するものでしかありません。だから〈他者〉の意見がどのようなものであれ、それが「真の自分」になってしまう恐れがあるのです。

◉特異性を引き受ける勇気

主体的な特異性とは、こうした〈他者〉に依存するような「自我の個性」とは真逆です。まずそれは個性のように対象（客体）として〈他者〉に示せるようなものではありません。何の変哲もない人が分析を終えて、やはり何の変哲もない人のままであったとしても、それは決して分析が失敗に終わったことを示すものではありません。特異性はそのように表面に表われてくる何かとは限らないのです。客観《オブジェクティブ》的には変化がなくても、その人の中で、主体に関して、何か変化があればよいのです。

また特異性は主体が自ら見出すものですから、決して他者には依存しません。それは、〈他者〉が絶対に許さないほど卑猥《ひわい》で、暴力的で、恥ずかしくて絶対見せられないようなものかもしれません。しかし、それでもよいのです。特異性とは「他者が何と言おうと関係がない」と開き直って受け入れるようなものです（この「開き直り」については23頁でも述べました）。

しかし多くの人が開き直れず、「こんな欲望は決して世間様（＝〈他者〉）には許されない。なんて酷《ひど》いことを考えてしまうんだろう……万一バレてしまったら、破滅だ」というように戦々恐々としながら生きているものです。

そう、それこそが「一般性と特異性の相克」です。分析主体は〈他者〉に保証された一般性と相容れない特異性に悩むのです。分析とは、この相克との上手い付き合い方を自ら見出していく過程と言えます。

そのためには特異性を引き受け、それを行使するための「勇気」とでも言えるものが必要です。そしてその勇気を得ることができるのは、自らの無意識と対峙し、その根源まで旅を続けようとする精神分析を措いて他にないのです。

◉まとめ――症状は不幸ではない

人が精神分析に興味を持つ大きなきっかけの一つが、「本当の自分を教えてほしい」というものでしょう。しかし実際に分析を受ければ、その望みが叶わないことが分かります。

なぜなら、精神分析の主体とは患者自身であり、分析家はあくまで、患者（分析主体）の自己分析の補助を行うに過ぎないからです。分析家の解釈は意味を持ったものではなく、むしろ、「意味を切る」ことによって、自分の発言に潜んだ、〈思いもよらないもの〉に気づかせるためのものです。

この〈思いもよらないもの〉とは、自我が抑圧していた無意識に他なりません。〈思いもよらないこと〉を言ってしまう時、無意識の主体が姿を見せているのです。

そしてこうした無意識の主体が生まれるのも、主体が一般性の世界で抱く、根源的な居心地悪さゆえです。この居心地悪さは、一般性の世界において排除された特異性のために形成されるものです。

――本章の議論をまとめると、おおむね以上のようなものになるでしょう。

通常の心理療法では、患者は受動的なものとされています。患者はある時の事故《アクシデント》によって心的な障害を負ってしまった可哀想な人と考えられています。だから治療者は、苦しい症状を一刻も早く取り除いてあげようとします。

しかし精神分析では症状の裏に主体的なものを見出します。症状は不幸などではなく、無意識の主体が現れようとしている好機《オポチュニティ》なのです。そして精神分析による主体の発現を経て、それまでは思ってもみなかったような欲望や思想が自分の中にあることが分かるかもしれません。自分や世界を新たな目で見ることが可能になるかもしれません。

しかし保証はありません。それを行えるかどうかは、分析主体自身に委ねられているのです。

アンコール1　人はどのようにして精神分析家になるのか

第一章で先送りにしていた精神分析家の資格の問題（18頁）について、ここでようやく触れることができます。

しかし、いきなりですが、分析家の資格制度を語ることは一筋縄ではいきません。一体なぜでしょうか。この謎を解き明かすのが本コラムの目的です。

なるほど、国際精神分析協会（IPA）は精神分析家の認定制度を明確に設けています。それは、「二年以上の訓練分析、セミナー受講など、もろもろの研修を受けたうえで、選考審査に合格することによって精神分析家と認められる」といったものです。

なお「**訓練分析**」とは、分析家の志望者が、まずは患者となって分析を受けることを指します。治療のために行われる分析とは異なるため、「訓練」とか「教育」という名がついています。座学や他分野での臨床経験だけで分析家になることはできず、まず患者として分析を体験しなければならないというわけです。

これを見ると、分析家の資格制度は明白なものであるように思われます。しかしながら、ラカンは一九六三年にIPAを追い出されています。したがって、ラカン派にはIPAの資格制度は通用しません。ならばラカン派はIPAに類するような一般的な資格制度を持っているのかと言うと、そのようなものもありません。

結論からお伝えすれば、**ラカン派には分析家の資格を認可する制度などありません。極端に言えば、自分自身が分析家だと認めれば分析家なのです。**

「ならば正規の分析家とモグリの分析家を区別することはできないのではないか」と思われるかもしれません。「資格が存在しないのなら、すべての分析家は〈自称分析家〉でしかなく、全く信頼がおけないのではないか」という疑問を持たれる方もいらっしゃるでしょう。なるほどそれはもっともです。一体なぜ、このような厄介な事態になっているのでしょうか。

☆分析家の条件は分析家の欲望にある

実はそこに第二章のテーマが関係してきます。それは他でもなく、**精神分析が目指すのは特異性であるということです。**

特異性は一般性と相容れないものです（32頁）。したがってそれを目指すために、一般的な理論や技法は全く通用しません。いくら理論や技法を知っていたところで、それだけで分析を行うことはできないのです。

ラカン派分析家にとってIPA的な訓練が無意味なのは、そうした訓練をいくら積んだところで、〈一般的なもの〉しか習得することができないからです。ですからラカン派の分析家になるのに、セミナーを受講したり、口頭講演を行ったりする必要はありません。極言すれば、精神分析の本など一つも読んだことがなく、一つも精神分析用語を知らなくとも、分析家になることは原理上可能なのです（あくまで「極言」に他なりませんが）。

分析家になる唯一の条件、それは特異的なものを目指す欲望を手にしていることです。これは「**分析家の欲望**」と呼ばれます。知識や熟練が問題なのではありません。問題なのは、分析家としての欲望を備えていることです。

精神分析という特異性を目指す臨床のためには、いかなる理論も経験も役に立ちません。もちろん理論が無意味だというわけではありません（そんなことを言い出せば本書の存在意義自体がなくなってしまいます）。自分の臨床があまりに精神分析の〈道〉を外れないようにするために、理論の参照は欠かせません。しかし実際の臨床の場においては、**すべての理論を一旦忘れなければならない**と言われます。そこでは理論も技法も役に立ちません。頼ることができるのは、ただ己の欲望だけなのです。

☆分析家の欲望はそれ自体特異的なものである

そうであれば、分析家の欲望を身に付けるためにはどうすればよいのでしょうか。

それはやはり、自分自身が分析主体となり、自らの分析を行っていくことが必要です。分析をある程度の年数以上行っていると、ある時に「自分にも分析ができる」と思えるようになるといいます。それこそ、分析家の欲望がその人に宿った時なのでしょう。

繰り返しますが、精神分析は特異性を目指すものです。したがって分析が進行していけば、誰でも特異性を目指す欲望、すなわち分析家の欲望が身に付くはずです。

しかし、それがいつ、どのように身に付くかは分かりません。なぜなら、分析家の欲望が特異性を目指す以上、その欲望自身が特異的なものなのですから。またそうである以上、一般的な制度によってそれに保証を与えることもできません。ラカン的精神分析において「分析家」とは、あくまで**自分自身のみに拠って立つ**存在でしかないのです。

……といっても、これではあまりに無秩序で、分析家が名乗り放題になってしまいます。やはり、全く制度がないというのはやりすぎでしょう。

ラカン派において分析家の資格制度が可能ならば、それは「あらかじめ特異性を内包したような制度」という逆説的なものでしかないはずです。ラカンはそうした「制度」を考えるために**パス**という概念を導入しました。しかし残念ながら、さまざまな事情により、パスはあらゆるラカン派の組織が共有する制度にはなっていません。

☆純粋な精神分析とは訓練分析である

分析を終えた主体はみな特異性を手にしているはずであり、つまりは精神分析家であるということになります――ただしそれを職業として選択するかどうかは人それぞれですが。それでも**分析を始めたきっかけや当初の目的が何であれ、分析を終える時には、人はみな分析家になるのです。**

これはつまり、**す**ヽ**べ**ヽ**て**ヽ**の分析は本来訓練分析である**ヽ**と**ヽいうことになります。ここがＩＰＡとラカン派の一番大きな違いです。なるほどＩＰＡにおける資格認定の条件にも「訓練分析を受けること」が含まれています。しかしここで言う「訓練分析」はあくまで「よい分析家になるための職業訓練」という色が濃く、ラカン派における訓練分析とは目指すところが異なっています。

ＩＰＡでは、**①通常の精神分析は治療のために行われるもの**で、**②分析家の養成のために行われる訓練分析は特殊なものです。**しかしラカン派においては、**①純粋な精神分析はあくまで分析家の養成のための分析**であり、**②治療のために行う分析は応用的なものに過ぎない**のです。

これは、ラカン派における「分析家」という概念が、単なる職業や資格の謂いではなく、あくまで「特異性を目指す欲望（分析家の欲望）を備えた人々」を指すことに起因します。**精神分析が特異性を目指すということ、それは精神分析が新たな分析家の誕生を目指すということと同義なのです。**

ですから「精神分析の目的は分析家の養成である」といっても、それは精神分析が職業訓練のようなものであることを意味するわけではありません。「分析家」とは、あくまで、本書の随所で語ってきた「精神分析が与えてくれるもの」を得ることができた人々のことなのです。

☆分析の目的は分析の内部になければならない

このことは、実は第一章のテーマであった「精神分析の独立性」とも関係します。というのも、精神分析が目指すのが治療であれば、それは投薬治療や認知行動療法などと同じく、数ある療法の一つになってしまうからです。そうなると精神分析の臨床実践としての独立性はなくなり、精神医学や臨床心理学の下位カテゴリーとして、それらに従属することになってしまいます。

精神分析がこれらに対して独立性を確保するためには、精神分析は精神分析の内部に目的を持っていなければなりません。ここで、分析家の養成ということを目的にすると、それを担保することができます。

精神医学や臨床心理学においても、自由連想などの精神分析的な療法が行われることはあります。しかしそれらはあくまで応用的な精神分析です。なぜなら、それらは分析家の養成を目的としていない、つまり特異性を目指していないからです。

日本に分析家が少ないこと、またIPAの分析家の方々が精神科医や臨床心理士であることから、「精神分析は精神医療や心理臨床の一技法ではないか」という一般的なイメージが流布しています。しかし精神分析はあくまで独立した臨床実践であり、独立した目的を持っているものなのです。

第Ⅱ部　精神分析とはどのような理論か

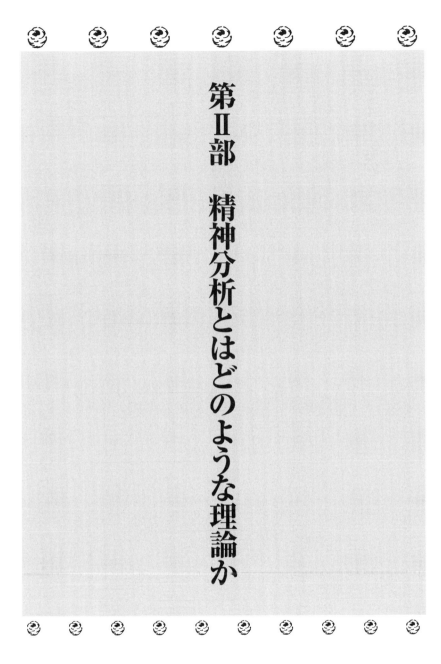

第三章　国境を越えると世界が変わってしまうのはなぜか？
——想像界・象徴界・現実界について

本章からいよいよ第Ⅱ部に突入します。

第Ⅱ部は「精神分析とはどのような理論か」と題しました。第Ⅰ部では、精神分析という臨床実践の独自性について解説しましたが、ここからはラカン的精神分析のより理論的な部分について考えてみたいと思います。

本章ではその短い導入《イントロダクション》として、**想像界**、**象徴界**、**現実界**について簡単に紹介します。

ラカン理論と聞いた時、多くの人が真っ先に連想するのがこの三界の理論でしょう。この概念は大変有名であり、そのため、時に精神分析の文脈を越え、哲学的な認識論のようなものとして受容されているように思われます。しかし本章では、あくまで**精神分析において、三界の理論がどういった役割を担っているか**を中心に解説していくつもりです。

◉心的次元の区分

「想像界」「象徴界」「現実界」とは、それぞれ《l'imaginaire》、《le symbolique》、《le réel》の訳語です。英語にすると“the imaginary”、“the symbolic”、“the real”となります。

原語を見てもらえば分かる通り、「界」という字は日本語訳の際に付与したものです。原語は形容詞を名詞化して使っているものなので、直訳すれば「想像的なもの」「象徴的なもの」「現実的なもの」となります。ラカン（派）の本の翻訳では、この二種類の訳語が並存しています。本書でも文脈に応じて二種類の訳語を使い分けますが、指す語は同じですので、ご注意ください。

さて、「界」と名前がついてはいますが、別に想像界や象徴界といった場所がどこかに存在するわけではありません。これらは**人間の心的次元**《ディメンション》**の区分**に過ぎません。つまり想像的なもの・象徴的なもの・現実的なものが合わさって人間の精神が形作られているというわけです。精神はさまざまなものから出来上がっているわけですが、それらを「想像的なもの」「象徴的なもの」「現実的なもの」の三つの枠組みに分類すると見通しがよくなるというわけです（ただしこの三つの領域は重なり合っており、すべてのものが三界のどこかに位置付けられるというわけではありません）。

ではこの三界は、それぞれどのような領域でしょうか。順に解説していきましょう。

◉想像界について①――身体は肉体を統一する

想像界とは、一言で言えば**イメージの領域**です。

イメージは私たちの身の回りにあふれています。絵画や映像といった芸術作品に描かれているのはまさにイメージですし、誰かに対して「優しそうだ」「怖そうだ」といったイメージを持つこともあります。またラカンは、感情や意味などもイメージ的なものだと考えています。

しかし、もっとも身近で基礎的なイメージは、自分の**身体**でしょう。「身体は血や骨や肉でできているのだから、物理的なものではないか」と思われるかもしれませんが、それは**肉体**であって、身体とは言えません。どういうことでしょうか。

肉体は、口、鼻、耳、肛門……など、さまざまなパーツで構成されていますが、**肉体が複数の器官によって成り立っている以上、それらの器官は時にバラバラな状態に置かれる**ことがあります。例えば「強い尿意を我慢しながら、ホット・アイマスクで目の保養をしている」といった状況を思い浮かべてください。ここで下腹部は大変な不快に苦しんでいますが、目は至福を感じています。つまりそれぞれの器官から得られる感覚はバラバラなはずです。

そこでは、いったいどちらがあなただと言えるでしょうか。あなたは今、尿意を我慢して苦しんでいるのでしょうか。それとも、目の疲れが取れて気持ち良いのでしょうか。

こうした疑問に対して多くの人は「いや、どちらも自分に変わりはない」と答えるでしょう。それはつまり「肉体の器官の感覚がバラバラであっても、それらをまとめ上げる機能がある」ということです。

そう、それこそ身体の機能に他なりません。**身体はもろもろの器官から得られる感覚的イメージを統一する機能を持っています。**それがあるからこそ、下腹部の苦しみも目の至福も自分のものであると受け止められるのです。このように、身体とは物理的な肉体とはあくまで異なったものとして考えられています。

◉想像界について②——身体とイメージ

ではこうした身体の統一機能は、いかにして成立しているのでしょうか。

大抵は、神経によってだと考えられています。感覚器官が得た刺激が感覚神経によって脳や脊髄などの中枢神経系に伝わり、中枢神経系はそれらの情報をまとめ、処理する……といった考え方です。

しかし精神分析で得られた知見によれば、人間はこうした神経系が発達する前に、それらを**視覚的に先取**

りすると考えられています。原初的な身体の統一はあくまで視覚的なイメージを用いた客体化《オブジェクティフィケーション》によって得られたものであり、神経系はその後でようやく発達するというわけです。そしてこの客体化を担う装置《デバイス》こそ、**鏡**に他なりません。

　このように書くと難しく見えますが、要するに**身体の機能が働くためには、自分の身体を鏡に映し、統一的なものとして把握するという契機が必要である**ということです。人間は生まれた時には神経系が十分に発達していないと言われています。だから神経による身体の統一より先に、イメージを用いた統一が行われるのです（詳しくは次章で解説しますが、この契機は**鏡像段階**と呼ばれます）。

　鏡が与えてくれるのはただの像、つまりイメージでしかありません。そこには何も物理的なものがありません。あるのは光学的なものだけです。しかしそれでも、鏡が作り出すイメージの機能によって、自分の身体を対象《オブジェクト》化して把握できます。自分の目だけでは身体の局所しか見ることができません。統一的に見るためには、鏡という媒介《メディア》によって、それをまるごと客体《オブジェクト》化する必要があるのです。

◉象徴界について①——記号とシニフィアンの違い

　象徴界は**言語の領域**を指します。より正確には**言語構造の領域**と言った方が良いでしょう。というのも、言語がもつ「意味」の側面は、想像的なものだからです。例えば「象」という言葉を聞くと、あの鼻の長い動物のイメージが浮かぶでしょう。しかしそれらはあくまで象徴界がもたらす想像的なものであり、象徴的なものそれ自体とは言えません。象徴的なものとは言語の意味ではなく、それを作り出す構造や機能を指す言葉です。

　また、先ほど単純に「言語」と言いましたが、ここで「言語」という言葉が何を指すかにも注意する必要があります。

動物は象徴的なものを持っていません。なぜなら、動物は言語を用いないからです。確かに、イルカのエコロケーションのような動物言語は存在しますが、それはあくまで**記号**によって構成されたものです。これに対して人間の言語を構成しているものは、**シニフィアン**と呼ばれます。

記号とは何でしょうか。一言で言えば、**記号とは指示対象と一対一で対応するものです。**例えば犬に「ハウス！」や「お手！」などと言ったら、それはいついかなる場合でも「犬小屋へ帰れ」や「前足を掌に載せろ」という命令を意味します。あるいは機械に発するコマンドもこれにあたります。「〇〇というプログラムを起動せよ」というコマンドが指す内容は、いかなる場合でも同じでなければ困ります。これらは、つねに同じ対象を指示するため、記号的なものです。

しかし人間の言語はこのようなものではありません。人間が使う言語は、時と場合によっては全く異なった意味をもってしまうようなものです。

例えば（よく知られた例ですが）「私は他人が嫌がることをします」という言葉を、ボランティア活動家が言うのと痴漢が言うのとでは意味が全く変わってしまいます。前者は「私は他人がやりたくないことを（代わりに）やります」という意味ですが、後者は「私は他人がしてほしくないことをやります」という意味になってしまいます。また失敗した部下に「馬鹿」と言えば叱責の意味になりますが、恋人同士でじゃれ合っている時に「馬鹿」と言えば、むしろ愛情表現になってしまいます。

このように人間が用いる言語は、単体では確定された意味を持つことはできません。それは、**つねに他の何かとの関係の中でしか意味作用を持つことができない**のです。こうした事情は、まさしくシニフィアンの性質によって生じるものです。

◉象徴界について②——シニフィアンの複数性《プリュラリティ》について

それではシニフィアンとは何でしょうか。

これはもともと言語学者のソシュールが考え出した用語ですが、ラカンはかなり特殊な意味で用いています（ソシュール研究者には苦い顔をされてしまうでしょう）。ここでは混乱を避けるため、ラカン的な意味におけるシニフィアンに限って解説したいと思います。

記号はそれ自体で指示対象と一致するので、単体でも機能します。これに対して**シニフィアンはそれ自体としては意味を持っておらず、意味作用《シニフィカシオン》が生じるためには他のシニフィアンと連接されることが必要**となります（「意味作用」とは、「何らかの意味付けを行う作用」とお考えください）。

例えば町中の壁に〝I〟と書かれていたとします。これだけだと何のことだか分かりません。ただのひっかき傷かもしれません。しかしその裏に〝am a Monster〟と書いてあったとしましょう。それを見れば、「表に書いてあったのは英語で〈私〉を意味する〝I〟だ」と分かります。〝I〟の語は、〝am a Monster〟に接続されることによって初めて意味を持ちうるのです。

あるいは突然「ハシ」とだけ言われても、それだけでは意味が分かりません。その後に「ヲワタル」や「デタベル」という他のシニフィアンが接続されることによって「ああ、〝橋〟か」とか「〝箸〟のことか」などと分かるわけです（**図1**）。

こうしたシニフィアンの複数性《プリュラリティ》があるからこそ、人間の言語は、外部の指示対象を離れて、さまざまな意味を形成することができます。

シニフィアンと記号の働きの違いが一番分かるのが、いわゆる慣用表現でしょう。例えば、まず「猿」と

S_1（一つのシニフィアン）	S_2（他のシニフィアン）
ハシ	ヲワタル
	デタベル
	ニヨル

S_2 が接続されることによって初めて S_1 の意味が（遡及的に）明らかになる！

図1

言います。これを記号として考える（物理的現実の指示対象に一致させる）と、それが指すのは**図2**にあるような動物です。次に「木」と言います。これが指すのは**図3**に描かれているものです。次に「落ちる」と言います。これは**図4**にある通り、高いところから低いところに動き移るということです。

しかしこれらを（助詞を伴って）つなげ、「猿も木から落ちる」とするとどうでしょう。これは「その道に通じたものでも失敗することがある」という意味になります。

この意味は「猿」にも「木」にも「落ちる」にも含まれていなかったはずです。これはあくまで、**それらのシニフィアンがつながることによってのみ生まれた意味作用**だと言えます。シニフィアンは、それらが連接されることで、外界の指示対象とは全く異なった意味を生み出す能力を持っているのです。

図 2

図 3

図 4

◉象徴界について③——言語によって文化が生まれる

このように、シニフィアンの接続によって成り立つ人間の言語は、物理世界の事物を直接的な指示対象としていません。

にも拘わらず人間は、こうした言語によって世界を認識しています。ということは、**人間が認識している「現実」というものは、あくまで言語によって構築された現実であって、物理的な世界とそのまま結びついているわけではない**のです。

実際、言語が変われば現実も変わってしまうものです。例えば明治以前の人が熊本県の島崎にある鎌研坂《かまとぎざか》を登っても、大きな意味を見出さなかったでしょう。しかし夏目漱石の『草枕《くさまくら》』を読んだ現代人にとって、そこを登ることは特別な意味を持ちます。なぜなら草枕の冒頭で主人公が登っている「山路《やまみち》」が、この鎌研《かまとぎ》坂《ざか》に他ならない（と考えられている）からです。だから現代の私たちは『草枕』の「余《よ》」になったような気持ちで、この山道を登るはずです。それは他の山道を登る際には得られない気持ちです。

山道自体に変化はないのに、小説によって、それにまつわる認識は大きく変化することになりました。そのことで鎌研坂《かまとぎざか》は単なる山道を越えて、特別な観光地になります。これはいわゆる聖地巡礼《コンテンツ・ツーリズム》の一例ですが、それは言語の、ひいては文化の力というものの一端を示していると言えるでしょう。

言語が独自の世界を形成することによって、文化が生まれます。文化というものも人間に固有のものであり、動物が何匹集まっても文化は生まれません。なぜなら、**文化ができるためには物理的な現実を離れた言語固有の世界がなければならない**からです。

『草枕《くさまくら》』という作品が素晴らしいのは、別に鎌研坂《かまとぎざか》が素晴らしいからではありません。『草枕《くさまくら》』が持っている価値はあくまで文学的な価値であって、物理世界とは関係のないものです。鎌研坂《かまとぎざか》は未舗装かつ急勾配で、登っていてあまり心地よくない道かもしれません。しかしその事実は、『草枕《くさまくら》』の価値を少しも損ないません。

反対にもし『草枕《くさまくら》』が駄作であったとしたら、鎌研坂《かまとぎざか》の景観がいかに素晴らしくとも、文化的に特別な意味は持てません。文化的な意味とはあくまで、物理世界ではなく言語の世界によって生み出されるものなのです。

●象徴界について④——象徴界は想像界を統御する

文化の構成要素となるものを見てみれば、それらがみな言語によってできていることが分かります。文学や思想などがまさしくそれに当たります。

なるほど、絵画や映画などの芸術はイメージ的なものかもしれません。しかしここで注意しなければならないのは、**私たちはほとんどの場合、言語的な仕方でしかイメージを受け止めることができない**ということです。どういうことでしょうか。

例えば、以下の**図5**を見てください。この**図5**の後に以下の**図6**を続けると、どうなるでしょう。この二つを並べてみると、最初の男は空腹であるように見えませんか。

ここで今度は、最初の**図5**の後に別の**図7**を続けてみます。どうでしょう。今度は、最初の男は葬儀の参列者で、悲しんでいるように見えないでしょうか。

しかし図に変わりはありません。ここから以下のような結論を導けます。つまり、**イメージにおいても、その後に別のイメージが接続されるまでは、そのイメージが指すところが確定されない**のです。

図 5

図 6

図 7

実は、**図5**はイラストレーターの菅野君に「無表情な男」という題で依頼したイラストです。全く表情がなく、それゆえ感情が分からないようなものとして書いてもらいました。

しかし**図5**の後に**図6**が来ると、**図5**は「空腹な男」になります。そして**図7**が来ると、今度は「悲しんでいる男」になってしまいます。このように、**図5**がどのようなイメージであるかは、他のイメージとの関係においてしか決定されないのです。

これは「ハシ」というシニフィアンが、後に「ヲワタル」が来ると「橋」になって、後に「デタベル」が来ると「箸」になるということと同じではないでしょうか（65頁）。こういったイメージの接続は、シニフィアン的なものと呼べるはずです（お分かりの方も多いと思いますが、この議論はエイゼンシュテインの、いわゆる「モンタージュ」の理論に着想を得たものです）。

人間は言語的な存在です。だからイメージに触れる際も、言語的なフィルターがかからざるを得ません。言い換えれば、**想像界は象徴界によって統御《コントロール》されている**のです。象徴界を離れた純粋に想像的なものというのは、ほとんど存在しないと言えます。

「象徴界」という概念は、単に狭義の言語構造を指すだけではありません。それは、もっと幅広く、**人間の表象活動がもつシニフィアン的な性質の全体**を含むような概念です。イメージをシニフィアン的に捉えるというのも、精神分析的な発想においては極めて重要なことです。

●象徴界について⑤——言語＝文化＝〈法〉

また象徴界は**〈法〉の領域**という意味でも使われることがあります。この〈法〉という語は司法が扱うような狭義の「法律」に限らず、もっと広い「ルール一般」のような意味だと捉えてください。英語の“rule”

（仏語の《loi》には「法律」のみならず、「法則」「規則」「慣習」「決まり事」といったさまざまな意味がありますが、〈法〉という語はこれらをすべて含む概念です。

例えば言語は、それが成立するためには文法というルールが必要となります。また文化が成立するためには、さまざまなルールがなければなりません。それがなければただの無秩序に陥ってしまい、獣《けだもの》同然になってしまいます。象徴界はいわば人間の条件とも言える領域ですが、それらは諸々の「決まり事」がなければ成り立ちません。

つまるところ、**象徴界においては「言語＝文化＝法」という等式が見られる**わけです（ただしラカンも晩年になると言語に対する考え方が変わって、象徴界＝法とは考えなくなってくるのですが、本書ではそこまで解説しません）。ひとえに「象徴界」と言っても、そこにはこうした多様な意味が込められています。

なお、本書にはこれから「**言語の世界**」や「**〈他者〉の領域**」などという言葉があちこちで登場しますが、それらは「象徴界」を文脈に合わせて言い換えた言葉だと思ってください。*1

◉ジャック・ラカンの理論的変遷

さて、ここで三界についての解説を一旦中断して、ラカンにおける**理論的変遷**の問題について考えてみたいと思います。

ラカンを読む際には、つねにその理論の変遷を念頭に置く必要があります。ラカン理論というのはつねに変化を繰り返すもので、数年経てば理論体系が一変してしまう——それどころか、一年と経たないうちに主張が変わってしまうということがしばしば起こるのです。それまではほとんど言及していなかった概念について、急にこれは精神分析の中心概念であると言い出したり、反対に、それまで重要視していた概念を無価値だと断言したりすることも珍しくありません。

「そのように意見をコロコロ変えるような人間が信用できるのか」といった疑問が生じるのも肯《うなず》けます。しかし前章でも述べた通り（31頁）、あらゆる精神分析理論はあくまで一般論に他ならず、患者の特異性を捉え損ねるものでしかありません。つまり**精神分析理論は、必然的に不十分な理論のまま留まる**のです。

だからこそ、逆に一つの理論を絶対視することの方が危ういと言えます。「この理論は絶対ですから。あなたの病理がそれにそぐわないなんてありえません」というような押しつけに繋がってしまいます。そこではもちろん患者の特異性はないがしろにされてしまいます。

したがって、つねに理論を変化させ続けることの方がむしろ真摯だと言えます。なるほど哲学理論であれば、そこに体系が欠けていることが問題になるかもしれません。しかし精神分析理論は、むしろ体系化できる方がおかしいようなものなのです。

また、後に否定されたからといって、以前の議論が無価値になったというわけでもありません。**理論的変遷が意味するのは、理論が単純に発展し、改良されていくということではありません。**むしろ、一つのテーマを様々な角度から取り上げつづけていると捉えるべきでしょう。このテーマとはおそらく、「精神分析とはいかなるものであらねばならないか」という根底的な問いです。この解明不可能な謎に格闘し続けた軌跡が理論的変遷という形で表われていると筆者は考えています。

ちなみに本書では、あまり理論的変遷にこだわりすぎると複雑になりすぎるため、ある程度簡略化して述べることにします。専門知識のある方は「まとめ方が単純すぎる」と思われるかもしれませんが、どうぞご

＊1　象徴界が「言語の世界」であることはこれまでの記述から明らかだと思いますが、なぜそれが「〈他者〉の領域」なのかはまだ述べていません。これについては次章で詳しく検討するつもりです（87頁以下）。

寛恕《かんじょ》ください。

◉現実界について①――物理世界としての現実界

さて、今しがた理論的変遷の問題に触れたのは、まさに現実界こそ、大幅な理論的変遷を遂げた概念に他ならないからです。

それでは、現実界とは何でしょうか。

まず言えるのは、**現実界は私たちが普段触れている現実とは異なる領域を指す**ということです。先述の通り（68頁）、私たちの現実性《リアリティ》は、言語とイメージ（象徴界と想像界）による構築物です。現実界《リアル》はむしろ、**言語やイメージをはみ出すような領域**を指します。

初めのうち、現実界は「**物理的な世界**」というような意味で用いられていました。先にシニフィアンは物理世界の事物を指示対象にしないと述べましたが（68頁）、ここで言われている「物理世界」こそ現実界にあたります。「物理世界がそのまま現実というのは誤りである。人間の現実を考える際には、むしろ象徴的なものに注目しなければならない」というのが初期のラカンの考えで、現実界は精神分析が扱う主要なテーマではないというように捉えられていました。

第一章で述べたように（3頁）、精神分析とはあくまで言語のみを用いて行われる治療実践です。したがってそこで問題となる「現実」も、言語的なものと考えなくてはならないわけです。反対に言うと、言語で捉えられない領域は、精神分析の対象にはなりません。

精神分析が神経症などの症状をなくせるのは、それが言語の病《やまい》だからです。象徴的なものを本質とする人間の精神は、言語によって構成されています。だからこそ、言語を用いて精神疾患にアプローチすることが可能なのです。それに対して、言語が関係ないところで作られる病、例えばインフルエンザや癌を精神分析で治すことはできません（それらの病気に対する主体の向き合い方は変えられますが）。それらは現実界の病なのです。

このように、初期（ここでは一九五〇年代）のラカン理論において、現実界はあまり重要でない領域でした。しかしこうした考えは、後に改められることとなります。

◉現実界について②——不可能性としての現実界

詳しくは第六章で述べますが（146頁）、一九六〇年代に入ると、ラカンは**象徴的なものでは語りえないような領域**について探求するようになります。

言語は物理的現実を離れたところで独自の世界を作ると述べましたが、この言語の世界は、同時に言語では語りえないものも含んでいます。「我々はどこから来たのか、我々は何者か、我々はどこへ行くのか」といったことを考えるのは、言語を使う人間だけです。しかしこの問いには答えがありません。誰しも自分が生まれた意味や、自分の死について語ることはできません。それは**言語を越えた領域**にあるのです。

六〇年代においては、こうした不可能な領域を考えるために、現実界の語が用いられるようになります。つまり、**そこでの現実界の定義は、不可能性それ自体である**と言えます。象徴界の構造自体に根差す不可能なものの全般が、現実的なものと呼ばれるようになったのです。

ここでは初期のラカンとは一転して、現実界こそが精神分析の中心的問題だとされるようになります。といってもそれは精神分析の臨床に現実的なものを導入する（例えば向精神薬を使うなど）ということではありません。精神分析が言葉のみを用いて行われることに変わりはありません。しかし、**象徴的なものを用**

いつつ、なんとかそれを超えた現実界を取り扱おうとするような困難な道に、ラカンは踏み出していくこととなるのです。

◉まとめ――国境を超えると世界が変わってしまうのはなぜか

想像界はイメージの領域、象徴界は言語構造の領域、そして現実界は、そのどちらでもない領域を指す概念です。

私たちが持つ身体はイメージによって作られたものであり、それらは諸々の器官が得る感覚を統合する機能を持っています。

象徴界に含まれる言語はシニフィアンによって構成されています。シニフィアンは記号と違って、物理的な指示対象と対応せず、単体では意味がありません。シニフィアンが意味作用を持つためには、他のシニフィアンと連接することが必要です。象徴界は物理世界と独立した独自の言語的世界を作り、〈法〉に統御され、文化を生み出します。また象徴界は、想像界を統御する機能を持っています。

現実界は、初めは物理世界を指すものとして、後には不可能なもの一般を指すものとして用いられました。

――以上が本章の議論のまとめです。

さて、三界の関係性をよりイメージしやすくするため、最後に一つの例を検討してみたいと思います。

「警察に追われている犯罪者が、ついに今国境を越えた。そして彼がふと後ろの道路を振り返ってみる」といった情景を思い浮かべてください。

彼はきっと、国境のこちら側と向こう側は全く別の世界だというイメージを抱くことでしょう。このイメージは想像的なものと言えます。しかし物理的にはどちらも同じような道路で、両者には何の違いもありません。アスファルトの材質も、道端に咲く花の種類も同じです。つまり現実界においては両者の区別ができません。

それでも、なぜ彼の想像界では両者が全く違うものに思われているかというと、それは「警察は国境を越えた犯罪者は追わない」という法律があるからです。これは象徴的なものと言えます。彼のイメージの世界の変容は、こうした象徴的な〈法〉の裏付けがあって成立するものです。

こうした例によって、三界の関係を把握していただけるのではないでしょうか。

もっとも、この例では五〇年代のラカンを指すものにしかなっていません。しかし次章ではこの時期のラカンについて語るので、そこでの理解の助けにはなってくれると思います。

第四章
私とはひとりの他者である
——鏡像段階からシニフィアンへ

人を見た目で
判断しそうな
顔しやがって

これは友人のエビハラくんが作った自由律俳句です。

野暮ながら解説すると、この一句が面白いのは、「人を見た目で判断すること」を批判している当人が、自分もまた人を見た目で判断しているからです。つまり、批判がブーメランのように帰ってきてしまい、自分にも向かってきてしまっているわけです。こういうタイプのジョークは多く、古典的な例を挙げれば、「暴力を振るうような奴は殴ってやる」や「俺は差別と黒人が嫌いだ」というものでしょう。

しかし、なぜこうしたジョークは面白いのでしょう。それは、これらが図らずも**鏡像段階**の真理を言い当てているからではないでしょうか。

私たちはしばしば他者を批判します。批判が成り立つのは、自分と他者とは異なった存在だという前提があってのことです。その前提が脅かされた時、批判は滑稽に映ります。

しかしこの滑稽さはある種の普遍性を持っているように思えます。他者について語っていることが、いつしか自分について語っていることになってしまう、あるいは反対に、自分語りが他人語りになってしまう、とりわけ、誰かを批判している時は――こうした自我と他者の反転によって引き起こされる混乱は、まさしく鏡像段階的なものと言えます。

◉鏡像段階の復習

鏡像段階については前章でも触れましたが（63頁）、ここではもっと詳細に踏み込んでみたいと思います。

私たちはつい、自分たちは生まれた時から統一された身体を持って生まれてくると思いがちです。しかし実際、生まれたばかりの私たちは**寸断された身体**（本書の言葉では「寸断された肉体」といった方が良いと思いますが）を生きており、統一された身体は後から作られたものに他なりません。

なぜなら、生後間もない赤ちゃんには「自我」と呼ばれるものがないからです。つまり赤ちゃんは「自分」という統一体がなく、ただバラバラな肉体の、バラバラな感覚や快楽を感じているだけなのです。おしめを替えてもらって肛門がすっきりした快感を得ている時、赤ちゃんはその上に口があることや、その横に耳があることなど知りはしないのです。

思い出してみてください、第二章では「自我」という言葉を「対象《オブジェクト》化された自分」と定義しました（39頁）。**したがって自我が成立するためには、自分を対象化する契機が必要なのです。ラカンはその契機を、赤ちゃんが鏡に自分の姿を映すという体験に求めました。**

これが「鏡像段階」という言葉の意味するところです。ある観察結果によれば、だいたい生後六ヶ月から一八ヶ月くらいの間に、赤ちゃんは鏡に映った自分の姿を発見して喜びを示すそうです。こうした反応をするのは人間だけで、動物は鏡に自分の姿を見ても無反応であるか、敵と勘違いすると言われています。

◉鏡像は真実ではない

ここまではすでに述べたことの繰り返しです。重要なのはここからです。

対象化された自己、すなわち「これが私だ」として私たちが理解している自我というものは、鏡という外部装置に映されたイメージでしかありません。したがって**それは自分そのものとは言えない**わけです。

鏡はそこにあるものを正確に映すと思われがちです。「見た目では分からないその人の真の姿を映す鏡」というようなアイテムは、あらゆる神話、物語に登場します。ここからも、人間が鏡を「真の姿を映すもの」として受け止めているという事実が窺えます。

しかし、鏡が映すのは、そもそも左右が反転した姿でしかありません。鏡に自分を映しても、それは左右反転した自分ですから、自分そのものではありません。

それから、周囲の照明の加減などで、そこに映るものの姿は大きく変わってしまいます。風呂上がりに自分を鏡に映すと何やら美人／ハンサムに見え、反対に、ビルの窓などに映る自分の姿はあまりに不細工に見えるものです。果たして自分は綺麗なのか否か、鏡を見れば見るほど、分からなくなってくることはないでしょうか。

ことほど左様に「自分の像」というのは曖昧なものなのです。鏡も決して真実の姿を映すとは言えないのです。これは写真などでも変わりません。プリクラを撮ったらあまりにカッコいい（ないしカワイイ）ため「これは自分そのものではないよな」と思いながらも、鏡のないところで自分の顔を思い浮かべる際に、ついつい「プリクラで撮った自分」を思い浮かべていませんか。

◉鏡像とはひとりの他者である

これらの例は、つまるところ鏡像というものが**他者**に他ならないということを示唆しています。そこに映っているのは自分そのものではなく、他の何かなのです。

日本語で「他者」と言うと、ほぼ「他人」と同義になってしまいますが、「他者」の原語であるフランス語の《autre》は、英語の"other"に相当する言葉で、「自分ではないもの」「異なるもの」一般を指す言葉です。

鏡像は自分そのものではなく、他者でしかありません。しかしそうした他者の存在がなければ、私たちは「自我」を見出すことができません。

つまり**自我は他者があってこそ成立するものなのです。**私たちは、「まず自分があって、そののちに他者が発見される」と考えがちです。しかし鏡像段階の知見を踏まえれば、まずは他者（鏡像）があってこそ、自分（自我）が生まれるというわけです。

鏡像段階は、生まれて間もない赤ん坊だけの問題ではありません。「鏡像」が意味するのは、単に光学的に鏡に映った像ばかりではありません。それは、**自我の像《イメージ》を与えてくれる他者一般**を指しています。

幼児ならぬ身でも、他者をもとに自己像を確立させることはあります。例えば若い頃なら誰しも自分の好きな俳優やミュージシャンなどの恰好を真似ることがあると思います。そこでの自分の恰好よさは、自分が真似ている俳優やミュージシャンの格好良さに依存しています。

かく言う筆者も、吉田拓郎に憧れてハイライトを吸っていた時期がありました（きついのですぐやめました）。いや今でも、何かを喋っている時に「いま、喋り方が拓郎っぽい」と感じてうすら寒くなることがたまにあります。「これが自分だ」と思っていたものが、実は拓郎という他者のものに過ぎなかった、じゃあ自分はどこにあるのだろう……と感じてしまうことが、時折あるのです。

◉『世にも奇妙な物語』より「奇遇」論

ここで重要なのは、鏡像段階は自我を生み出すと同時に、ある**根本的な不調和**をも生み出すということです。

私たちが「これが私だ」と思える自我は、実のところ他者のイメージに他ならず、自分自身とは言えません。つまり、両者の間には根本的な断絶があります。

そしてそこから、「他者に自分を奪われるかもしれない」という恐怖が生み出されてしまうのです。それは**自分と他者の間の鏡像の奪い合い**と言えます。

この考え方は、なかなか理解するのに骨が折れます。そこで、あるドラマを紹介したいと思います。それは『世にも奇妙な物語』（一九九二年、春の特別編）の中の、「奇遇」[*1]というエピソードです。

水野武（片岡鶴太郎）はあるマンションに引っ越してきた翌日、隣の男性（仲本工事）に出会う。名前を尋ねると、その男の名前も何と水野武であった。「奇遇ですな」とはにかむ二人。実は二人は同じ日に越してきたばかり。また両者とも趣味が一緒で、妻の名前まで同じ。果てには、勤務する会社のビルまで同じだった。気味悪がる鶴太郎。その後もありとあらゆるところで、鶴太郎は仲本工事に出会ってしまう。公園や喫茶店で遭遇し、偶然立ち寄ったおでん屋では彼と同じ注文までしてしまう。

鶴太郎はあまりに共通点の多いこの男を不気味がり、妻（芦川よしみ）の反対を押し切って、引っ越しを断行しようとする。しかし部屋探しに訪れた不動産屋でも彼と出会ってしまい、嫌になって家に帰る。すると、妻は愛想を尽かし出て行ってしまっていた。妻の名を呼びながらベランダに飛び出ると、なんと仲本工事の細君も今出ていったところであった。苛立ちのあまり、姿見《スタンドミラー》をたたき割ってしまう鶴太郎。やっと完成したばかりの大好きなプラモデルも、巻き添えを食って壊れてしまう。

数日後、気を取り直して、同じプラモデルを探しにおもちゃ売り場に出向く。すると、そこには、またもあの男がいた。しかし、鶴太郎は不思議なことに、今度は、そんな彼にシンパシーを感じ、一緒に壊れたプラモデルを探すことにする。デパートを出て、公園のベンチに座る鶴太郎と仲本。

鶴太郎「そんなに……気にすることじゃなかったのかもしれませんね。……サラリーマンなんて、みんな同じなのかもしれない。同じ時間に家を出て、同じ時間に昼飯食べて、同じ時間に帰ってくる……」

仲本「なんか、切ないですね……」

鶴太郎「でもね、思ったんですよ。奇遇って言うのも、そんなに悪いもんじゃないなって。……いやむしろ本当は、ちょっと温かかったり、嬉しかったりするもんだなって……思い出したんですよ」

仲本「これですか」

と、プラモデルを指す。

微笑む二人。

二人「奇遇ですな」

ベンチを立った二人は、駅に消えてゆく。

＊1　原作・高井信「世にも奇遇な物語」（『奇妙劇場 vol.1 十一の物語』所収、太田出版、一九九一年）、脚本・田辺満、演出・鈴木雅之。

◉鏡像段階の愛憎

このエピソードは『世にも奇妙な物語』の中でもマイナーなものですが、鏡像段階における愛憎というものを明快に描き出しているように思えます。

片岡鶴太郎はなぜ、あれほどに仲本工事を忌み嫌ったのでしょうか。それは、彼が姿見を叩き壊すシーンによって示唆されています。つまり、彼は自分とそっくりな仲本工事に、自分の鏡像を奪われてしまうのではないかと恐怖し、彼に敵意を抱いたのです。

仲本工事との出会いは、いわば自分の鏡像との出会いです。**仲本という他者によって、それまで抱いていた自己イメージ（自我）が、自分ではなく彼のものになってしまう恐怖が始まったのです。**これは自分の像だ、いや他者の像だ、いや、自分だ……という戦いが始まったというわけです。

これこそが鏡像段階における**双数＝決闘**（duel）の関係です。フランス語の《duel》という言葉は、「双数的」と「決闘」という二つの意味を持っています。鏡像段階というのは自分と他者の双数《デュエル》的な関係ですが、それは同時に決闘《デュエル》の関係でもあるのです。鏡像段階は自我のイメージの成立の契機であるとともに、自分と他者の間での、鏡像の奪い合いの契機でもあります。

しかし同時に、鏡像は愛の対象ともなります。私たちが選ぶ恋人は、大抵どこか自分とよく似ているものです。鶴太郎も、仲本が自分と同じくプラモデルを愛する人だと知ると、彼に共感し、好意を抱くようになりました。彼が自分とそっくりだとしても、いや、むしろそうだからこそ、好意的に受け止めるようになりました。

このように**鏡像段階においては自分と他者の間に、愛憎が分かち難く入り乱れた関係が生まれます。**一方において鏡像は、自分の似姿《イメージ》として愛の対象となります（これは自己愛《ナルシシズム》と言えます）。しかし他方においては、自分のイメージを奪う他者に対する果てしない憎悪が生まれるというわけです。

この関係は泥沼に陥ります。ここで本章冒頭の「人を見た目で判断する」を思い出してください。自分がほかでもなく「人を見た目で判断しそうな顔をしやがって」と思い込んでいますが、あたかも相手が自分に偏見を抱いてくるように思い込んでいます。**鏡像段階においては、自我の敵意が他者に投影され、反転して、他者が自我に向ける敵意となってしまうものです。**だから自我は他者を憎み、攻撃します。しかしそれはもともと自我の敵意ですから、攻撃は何も生み出しません。それどころか今度は攻撃された他者が自我（他者にとっての他者）に敵意を向け、自我はいよいよ他者による迫害を確信し……と、無限《エンドレス》に憎しみが連鎖していくのです。この状態は不安と敵意に満ちており、不安定で危険な状態です。

したがって、**自我が確立するためには鏡像だけでは足りません。**鏡像だけでは、双数＝決闘的な関係の泥沼に陥ったままになってしまいます。そこに平安がもたらされるためには、更なる〈他者〉の存在が必要となるのです。

◉他者から〈他者〉へ

ここで、二種類の「他者」を区別しなければなりません。それは他者と〈他者〉です。違いが分からないかもしれませんが、前者は《autre》の訳で、後者は《Autre》の訳です。つまり原語において大文字で書かれている方を「〈他者〉」と、ヤマ括弧に入れて表わしています。口頭だと区別がつかないので、前者を「小文字の他者」、後者を「大文字の〈他者〉」と言う場合もあります。

小文字の他者は自分と同じレベルにある他者で、先述した自我のイメージや、友人、兄弟、同僚などを指します。**他方大文字の〈他者〉は、小文字の他者を超越した絶対的な他者を指します。**それは子供にとっての親や先生、大人であり、大人にとっては王様や神様といった「お上」が〈他者〉にあたるでしょう。

そして他者と〈他者〉の一番の違いは、**〈他者〉が〈法〉をもたらす存在である**ということです。

小文字の他者同士の闘い《デュエル》には終わりがありません。どちらかが勝つまで続きます。そして勝利の条件とは、どちらかの存在が消滅すること、つまり死ぬことです。

もしあらゆる人間関係がそうしたものだったとすれば、世界は修羅道同然になってしまいます。「力こそがすべてだ」という世紀末的な世界になってしまいます。

しかし人間道の住人である私たちは、他者同士の決闘《デュエル》以上の何かを持っています。それが〈法〉、つまりルールです（71頁参照）。このルールがあるからこそ、どちらかが死ぬ前に決闘《デュエル》が調停されることが可能になるのです。

例えばひとつの殺人が起きたとします。そこで〈法〉がなければ、「復讐のために被害者の遺族が犯人を殺して、今度は殺された犯人の遺族が被害者の遺族を殺して、今度は……」と、際限のない殺し合いが生まれてしまいます。しかし裁判において、判事という〈他者〉が「犯人を懲役○○年に処す（ということで手打ちにしなさい）」という〈法〉を与えることで、「赦《ゆる》し」が生み出され、殺人の連鎖は食い止められるわけです。

前節で検討した「奇遇」でも、片岡鶴太郎が仲本工事と和解する際に、「サラリーマンなんて、みんな同じなのかもしれない。同じ時間に家を出て、同じ時間に昼飯食べて、同じ時間に帰ってくる……」という台詞がありました。二人の間の鏡像の奪い合いが平定されるためには、「サラリーマンはみんな同じようなものだ」という、〈他者〉の法則が持ち出される必要があったのです（ここでの〈他者〉は、おそらく「世間」のようなものでしょう）。個人である二人とは異なった次元にある世間が〈他者〉となり、〈法〉をもたらすことによって、二人の闘《デユエル》いは収められたのです。反対に、こうした〈他者〉の〈法〉が機能しなければ、闘《デユエル》いは際限なく続いてしまいます。

◉〈法〉・言語・〈他者〉

〈法〉ということから分かる通り、**大文字の〈他者〉とは象徴的なものだと言えます。**他方、**小文字の他者は想像的なものです。**

象徴界は何より言語の世界です（63頁）。言語があるからこそ、〈法〉が機能するのです。したがって、〈他者〉が象徴的なものならば、言語は〈他者〉の場であるということになります。

この結論は別にわざわざ〈法〉を参照しなくても導けます。人が生まれた時から言語を使えるわけではないのは知っての通りです。生まれて間もない赤ちゃんには、言語を話す年長者や大人たちは、自分とは全く〈他〉の存在だと思われることでしょう（《autre》は形容詞として「他の」「別の」という意味になります）。

幼児が言語を話せるようになるためには、それまでの自分の世界の外に出て、〈他〉の世界に入らなければなりません。**言語の世界に入るとは、根源的な〈他者〉の経験なのです。**

象徴界は想像界を統御すると述べました（69頁）。ここでも、想像的な他者による双数《デユエル》=決闘的な関係は、象徴的な〈他者〉による言語的な〈法〉によって平定されなければならないのです。

◉はじめに〈他者〉ありき

このように述べると、「イメージに支配された鏡像段階（想像界）から〈法〉が機能する言語の世界（象徴界）へ移行することが、幼児の発達過程である」というように受け取られてしまうかもしれません。実際、そういった解説は沢山あります。

しかし、ここが面倒なのですが、実はそうした理解は**半分しか正解ではありません**。どういうことでしょうか。

繰り返すように、人間において、純粋に想像的なものはありません（71頁）。想像界はつねにすでに象徴界によって動かされているものでしかないのです。したがって、**人間はまずイメージの世界に生き、その後で言語の世界に入るのではありません。人間は最初から言語の世界に生み落とされるのです。**

実際、私たちは生まれてくる前から何らかの言語的な身分を与えられています。それは「○○の息子」や「○○家の世継ぎ」、または「将来は○○になる人」「○○世代」といったものです。人はただ生物学的に生まれてくる存在ではなく、家系や文化といった言語的な世界の中に、一つの位置を占めながらこの世に現れます。つまり私たちは最初から言語的な存在としての身分をあてがわれているのです。

もちろん、生まれて間もない幼児は、まだそのことに気づいていません。だからこそ言語の世界があることを知り、そこに参入することは根本的な〈他〉の体験になります。しかし幼児が気づいていないだけで、初めから〈他者〉は彼／女に隠れた影響を与えており、人はみなその影響のもとで人生をスタートしなければならないのです。

◉〈他者〉なくして鏡像はなし

鏡像段階もまた、言語の世界の中で進行するものです。だから言語の世界とつながりを持っていないわけがありません。

言語の世界の〈他者〉は、確実に鏡像段階に関係しています。しかし言語の世界にきちんと参入していない幼児には、この〈他者〉の働きがまだ分かりません。**そのため、あたかもイメージだけが働いているように思えてしまう**のです。

しかし、ここで言う〈他者〉とはどういう意味でしょうか。

一言で言えば、それは**母親**のことです。鏡に自分の姿を見つけるだけでは、まだ自我を発見することはできません。鏡を見る自分の背後に母親がいて、「これがあなたよ」と言ってくれなければなりません。こうした保証がなければ、鏡像が自分であるという確信を持てなくなります。

鏡像というイメージ的なものは、それだけでは充分に効果（ここでは「自我」の像を与えること）を発揮できません。鏡像が働くためには、象徴的な〈他者〉がいなければなりません。あくまで**母親という大文字の〈他者〉が保証してくれるおかげで、鏡像という小文字の他者が機能する**のです。

ここからも「他者の世界から〈他者〉の世界に移行する」という理解が不適切なものであることが分かります。第一にあるのは〈他者〉であり、他者はつねに二次的なものに過ぎません。言語なくしてイメージは働かないのです。

◉〈他者〉の不穏さ

ここで、「母親」についてもう少し考えてみましょう。

母親とは私たちが最初に出会う〈他者〉に他なりません。それは赤ちゃんにとって、自分とは根本的に異質な（＝〈他〉の）存在です。

というのも母親は**言語を話す存在**だからです。母親は赤ちゃんに「おしめを替えましょうね」とか、「なんでそんなことするの」といったように、言葉で話しかけます。しかし当然ながら、赤ちゃんにはお母さんの話している言葉が分かりません。母親の言葉は「謎」でしかありません。

しかしながら、母親は同時に、幼児にとってなくてはならない存在です。生まれてすぐにエサを探し始める動物とは異なり、人間は生まれてから数年経つまで、一人では何もできません。ご飯を食べるのも排泄するのも、すべて母親の手を借りなければなりません。母親が世話をやめてしまったら、幼児は死んでしまうのです。

だから育児放棄《ネグレクト》ということがこれほど問題になるわけです。動物界においては、育児放棄など当たり前のことであるはずです。

ある意味、それは人間というものの持つ欠陥です。つまり**人間は「何を考えているか分からない異質な存在（＝〈他者〉）に生殺与奪の権を握られている」**という、**根源的に不穏な状況**に生まれ落ちざるを得ないのです。

そしてそんな〈他者〉が、鏡の後ろから導いてくれることによって、初めて私たちは鏡像という他者のイメージを見出すことができ、そこから自我を持てるようになります。

人間存在というものは、〈他者〉の経験なくしては考えられません。それはつまり、**人間の本質には何か不穏なものがある**ということです（この不穏さについては111頁でも欲求と要請の間のギャップとして述べます）。だからこそ、精神分析などというものが必要になるのでしょう。

◉シニフィアンと無意識の起源

これほど〈他者〉の重要性を強調することには理由があります。なぜなら、**〈他者〉なくしては無意識と**

いうものを考えることができないからです。どういうことでしょうか。人間以外の動物には、そんな厄介なものなどありません。

そもそも、人間にはなぜ無意識などというものがあるのでしょうか。人間以外の動物には、そんな厄介なものなどありません。無意識は人間の本質に根差した特有の領野です。

もちろん、動物が意識せずに行っている行動は沢山あります（動物に意識があるのかはともかくとして）。しかしそれらは**本能**による導きであって、精神分析的な意味での無意識とは言えません。しかし人間には本能の代わりに無意識が与えられています。つまり人間は**本能の壊れた動物**なのです（なぜ壊れているのかについては複雑になるので語りません）。

本能があるということは、自然と調和しているということです。存在の中に自然の摂理が書き込まれていて、それに従ってさえいれば生を送ることができます。しかし人間には本能がありません。つまり、**人間は自然に対し本質的に過剰なものによって構成されている**のです。

そう、この過剰なものとはまさに言語だと言えます。人間の言語を構成しているシニフィアンが、物理世界に直接的な指示対象を持たないことは前述しました（68頁）。シニフィアンは他のシニフィアンと連鎖することによってのみ意味作用を働かせられるのであり、そこから物理世界とは異なった「言語の世界」というものが作られます。この言語の世界というのは、自然に対する過剰によって構成された世界というわけです。

そういった言語を持った人間だけに、無意識というものが生まれるのです。だから**無意識というのは言語的なものとして考えなければなりません。**

◉主体の誕生

私たちは無意識を、「理性的な人間の中に潜んでいる、獣のごときドロドロしたもの」というように考えてしまいがちです。しかし無意識とはそうした動物的なものではなく、むしろ徹底的に人間的なものなのです。

なぜなら無意識とは、「人間は生まれるやいなや言語という〈他者〉の世界に投げ出され、根源的な不調和を抱えた状態で生きざるを得ない」という条件があってこそ生じるものだからです。

幼児が言語の世界に入ると、自我が生まれると同時に、自我とは相容れない何かも生まれるのです。勘の良い方ならお分かりでしょう。「自我とは相容れない何か」とは、まさに主体です（40頁）。**無意識の主体は、言語の世界への参入によって誕生するのです。**

主体が実体を欠いており、こう言ってよければ、人間における不調和そのものだということは述べました（47頁）。その起源は、〈他者〉の世界への参入が生み出す分裂にこそあるのです。この根本的な不調和、相容れなさがあるからこそ、人間には無意識の主体という厄介なものが存在しているわけです。

◉無意識は〈他者〉のシニフィアンの集積である

私たちは日々〈他者〉に話しかけられ、さまざまな言葉（シニフィアン）を受け取っています。

しかしこれらのシニフィアンの中には、二度と見たくもない、聴きたくもないようなシニフィアンが含まれていることがあります。私たちは、こうした受け入れがたいシニフィアンを早く忘れようとします。

しかし、実際に何かを完全に忘れるということは不可能です。なぜなら、いったん忘れても、そのシニフィアンは無意識の中に移行するに過ぎないからです。

このプロセスは**抑圧**と呼ばれます（7頁）。無意識は、それらの抑圧されたシニフィアンたちによって構成されています。だから**無意識とは、〈他者〉から受け取ったシニフィアンの集積だと言えるでしょう。**ラカンはこのことを「無意識とは〈他者〉による語《ディスクール》らいである」と表現しています。

今しがた、言語の世界への参入によって無意識の主体が誕生すると述べましたが、それは言ってみれば、無意識の器が作り出されることを意味します。つまりそこに無意識的なシニフィアンが貯蔵されるような容器ができるわけです。この容器ができることにより、シニフィアンを抑圧するプロセスが動き出すようになります。

このように無意識がシニフィアンによって構成されている以上、**無意識はシニフィアンの〈法〉に従って動かされている**と言えます。

この「法」は「文法」のような意味だと捉えてください。つまり、無意識はただの混沌《カオス》ではなく、言語的な構造を持っており、そこではある規則が機能しているのです。これは無意識を混沌として捉える自我心理学とラカンの一番の違いです（39頁）。

しかし自我は無意識を抑圧し、その〈法〉を見ないことにしています。その代わり、想像的なイメージの世界に騙されてしまいます。だからこそ精神分析の目的は、**イメージの背後で作用する無意識の〈法〉を明らかにするように患者を導くこと**と言えるでしょう。

◉ある症例

少し抽象化が過ぎました。より議論を具体的に把握していただくために、一つの症例を挙げてみましょう。

これは実際にあった症例というわけではありませんが、決してリアリティを欠いたものではありません。

彼女は一つの思い出に苦しめられていた。情景は悪夢となって繰り返し襲い、その度に彼女は眠りを妨げられねばならなかった。分析の場においても、気づけばまたその思い出を話し始めていることに気づき、彼女は当惑するのだった。

その思い出は、汗ばむ男たちが打ち付けるハンマーの音によって呼び起こされた。高校生の頃、彼女は工事現場の近くを通りかかったことがあった。回転を続ける扇風機が粉塵を巻き上がらせる中、彼女は、労働者たちが自分に目を向けているように感じ、悪寒を覚えた。彼女は、自分がなぜこんなにも不気味に思うのか分からず、困惑した。そのまま家に帰ると、食事をする力もなく、寝床に倒れてしまった。翌日、高熱が出た彼女は、高校を休まなければならなかった。このエピソードは、決して忘れることのできないものとして彼女の中に留まった。

彼女は、なぜこんな些細な思い出が自分を苦しめるのだろうかと自問した。労働者の目線を感じたというだけのことが、なぜこんなに不快に感じられるのだろう？　彼女の分析は、その問いによって舵を取られていた。

分析家は沈黙を守った。苛立ちのあまり、なぜあなたは理解を示してくれないのかと、分析家に詰問したこともあった。しかしそれでも、望んでいる解決は訪れないのだった。

事態は、ある日のセッションにおいて動き出した。その日彼女は、再びその記憶を語り始めた。「なぜ、あんな人《にん》夫《ぷ》の視線なんかで……」と彼女が言った時、分析家はただ「人夫？」とだけ聞き返した。すると彼女には衝撃が走り、すぐさま次のような思い出を話し始めたのだった。

それは、彼女の妹の誕生にまつわるエピソードだった。彼女の母はキャリアウーマンで、毎日遅くまで家に帰ってこなかった。彼女は母親を尊敬していた。母娘の関係は良好で、自分は母の惜しみない愛情を受けていると思っていた。在宅業者の父はほとんどの家事を任されており、自分の妻に対して、いつも控えめだった。「私は父親が何だか分からない……お父さんは弱い人だったから」と彼女は言っていた。彼女と父の関係は、親子というより友人に近いものだった。

しかしある時母親は、長期休暇を取ったことがあった。二番目の子供を孕み、出産休暇を余儀なくされたのである。幼い彼女は、なぜ母のお腹が大きいのか、そして、なぜ母がずっと家にいるのか分からず、父に質問した。すると彼は「母さんは妊婦《にんぷ》だからね」と返答した。

幼い彼女にはその言葉の意味が分からなかった。それでも「妊婦」というシニフィアンは抑圧され、無意識的なものにとどまった。抑圧されたシニフィアンは、工事現場での出来事において、回帰することになった。この二つの出来事を結び付けていたのは、「ニンプ」というひとつのシニフィアンだった。

このシニフィアンは、享楽と存在の問いに結びつけられていた。母親が妊娠している間、家族の関心は生まれてくる第二子に注がれ、彼女は置き去りにされたように感じたものだった。彼女にとって妹の誕生は、母の愛という享楽的な対象を失うことを意味していた。

「人夫」のシニフィアンを構成する「夫」の文字《レットル》は、彼女に、友達のように思っていた父親が、あくまで男性であったことを実感させた。父親はただ「弱い人」ではなく、人の夫として、彼女の母を妊娠させる能力《ポテンシャル》を持っていたのである。自分の父親が不能《インポテンツ》であるという幻想《ファンタスム》は、母の妊娠というエピソードによって破られてしまったのだった。母が愛していたのは自分だけではない、彼女は父を愛しているのだと知ることは、彼女にとって受け入れがたいことだった……。

◉シニフィアンの戯れ

いささか出来すぎた話ではありますが、実際、分析においてはこうした不思議な現象が起こるものです。

この症例で重要なのは、「ニンプ」というシニフィアンの働きです。彼女が繰り返し辛い思い出を語っても、分析家は何も反応を示しませんでした。しかし「ニンプ」という耳慣れない言葉が出た時に、初めてそれを聞き返します。そこから、彼女は、それまでは決して話さなかったようなエピソードを話し始めます。これは第二章でお話しした〈もっと他のこと〉だと言えるでしょう（34頁）。

繰り返すように、シニフィアンは直接指示対象と結びつくものではありません。「ニンプ」というシニフィアンは、他のシニフィアンとの結びつきによって全く意味作用が変わってしまうものです（65頁）。こうしたシニフィアンの性質を踏まえていないと、無意識に辿り着くことはできません。つまり分析家が彼女の辛い思い出に共感し、「あなたは野蛮な労働者たちに襲われるのではないかと恐怖したのです」などと解釈してみても、何も生まれないのです。そうした臨床のスタンスは、あの思い出に対する彼女のイメージという想像的なものしか視野に入れていません。

しかし無意識は、想像界とは別に、あくまでシニフィアンの〈法〉に従っています。ですから分析家は、出来事に対する彼女のイマジナリーな感情は扱わず、「ニンプ」というシニフィアンだけを相手にしました。そこから、シニフィアンの戯れに従って、抑圧されていた記憶が蘇ることが可能になったのです。

◉意味からシニフィアンへ

「シニフィアンの戯れ」などという厳《いか》めしい言葉を使いましたが、これは日常的には「ダジャレ」や「言葉遊び」と呼ばれるものです。

日常において言っていることの意味を聞かずに、言葉遊びに終始することはあまり良いこととされません。「彼の死は悲しい……私は彼が作るカレーが大好きでした」と言った時、「あなたは華麗《カレー》な人なのですね」などと返されたら誰だって立腹するでしょう。自分がどういう意味を込めてカレーの話をしたのかが、全く伝わっていないのですから。

しかし分析家は、ある意味で親父ギャグのようなものを追求します。「意味」とは想像的なものであり（63頁）、それに終始していれば想像界の罠に囚われるだけです。だから分析家は、一見意味のないように見えるシニフィアンの繋がりに注目するのです。

私たちは普段、言語を意味によって捉えています。これは言語をイマジナリーに捉えているということです。**しかし分析の場においては、言語を意味によって使用することを中断し、言語のシニフィアン的性質が現れることが目指されます。**そのためには、意味に囚われているのではなく、むしろ意味の外にあるシニフィアンの作用に注目しなければなりません。

第二章で語った「分析家の解釈は意味を与えるものではない」という原則（28頁）が意味するのは、以上のようなことでもあります。分析家はむしろ、意味を切り、シニフィアンを戯れさせることによって、「全く新たなもの」を出現させようとするのです。なぜなら、それは無意識の発現に他ならないからです。

●抑圧されたシニフィアンの回帰

今度はまた別の視点から無意識のシニフィアン性について考えてみたいと思います。*2 右ではあまり定義せずに使っていた「抑圧」のメカニズムについて、より詳しく解説してみましょう。

まずは**図8**を見てください。水平線を挟んで上を意識の領域、下を無意識の領域としましょう。二つの領

＊2　ちなみに、ここからの議論は「シニフィアン」を「表象」に変えれば、フロイトにおいてもそのまま当てはまります。

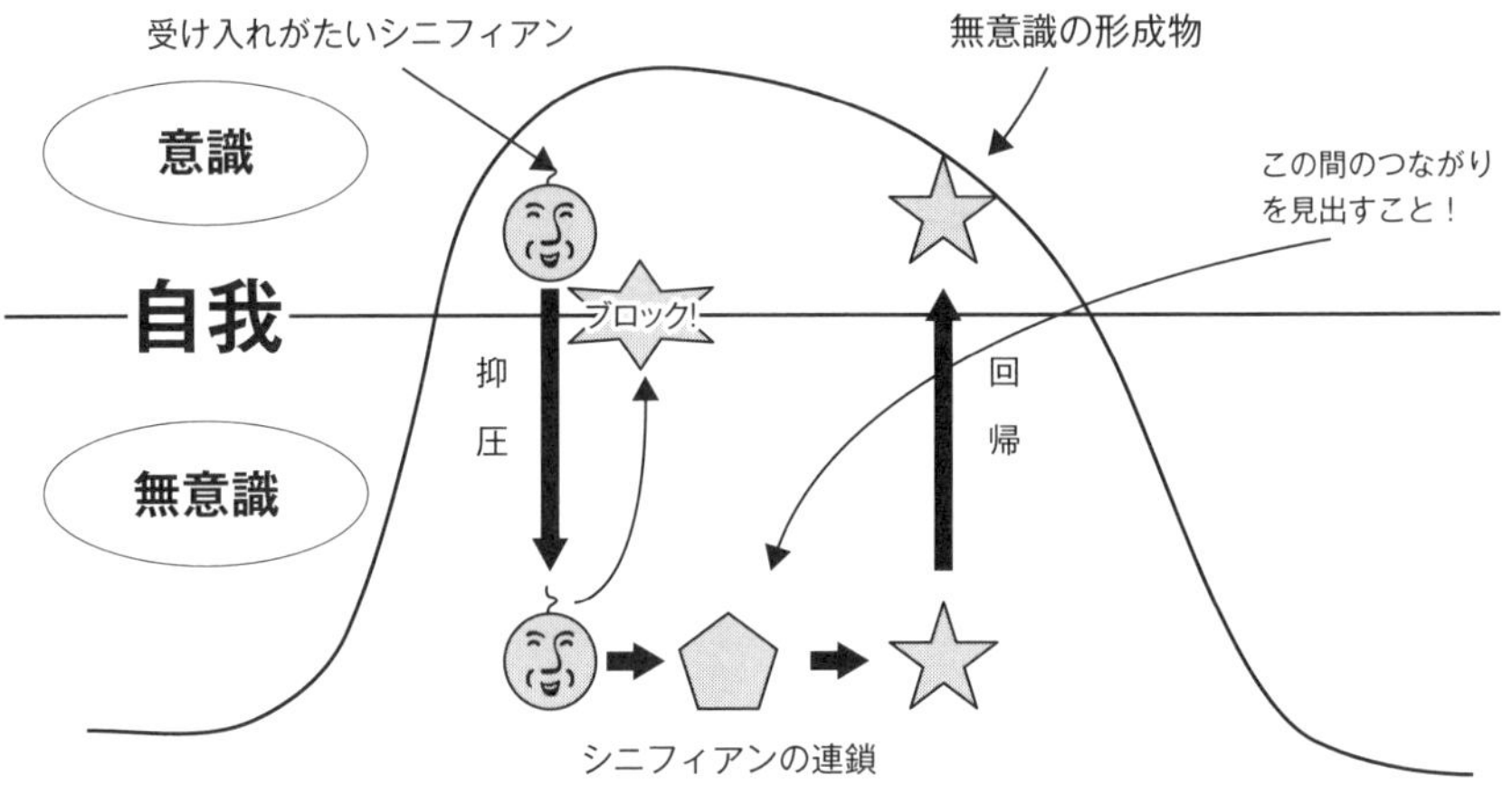

図8

域の間には自我があります。自我は検閲を行い、都合の悪いシニフィアンを無意識の領域に仕舞っておこうと努めます。

さて、何らかの出来事が起き、そこで受け取ったシニフィアンが受け入れがたいものだったとします。すると自我はそのシニフィアンを忘れたことにします。これが「抑圧」で、無意識は抑圧されたシニフィアンの貯蔵庫《ストレージ》です。

重要なのは、**抑圧されたシニフィアンは再び意識の領域に浮かび上がって来ようとする**ということです。しかし自我は番人のようにして、このシニフィアンを通そうとしません。門のところでブロックされてしまうのです。

ここで思い出していただきたいのが、源《みなもとの》頼朝《よりとも》の怒りを買った義経《よしつね》一行が安宅《あたか》の関を越える時に何をしたかということです。彼らは山伏に変装して、何も書いていない巻物を勧進帳のごとく読み上げることで門番を騙し、関を越えました。そう、番人にブロックされるならば、番人に気づかれないように変装することによって門を通り抜けることが可能になるのです。

抑圧されたシニフィアンもそれと同じことをします。無意識は自我の監視の目が届かない領域ですから、そこでシニフィアンの戯れに連れて、シニフィアンが移り変わります。つまり抑圧されたシニフィアンが、一部だけ関連する他のシニフィアンに姿を変えるのです。上の症例で、「妊婦」というシニフィアンが、発音の同じであることを通じて「人夫」になったのは、まさにこの作用によってです。

抑圧されたシニフィアンが移り変わってしまうと、自我はそのシニフィアンが抑圧されたシニフィアンと繋がっていることが分からず、富樫左衛門《とがしさえもん》のごとく、意識の領域への侵入を許してしまうのです。これを**抑圧されたものの回帰**と言います。

◉無意識の形成物――夢解釈について

そして回帰したシニフィアンは**無意識の形成物**と呼ばれます。再び先ほどの症例（94頁）を参照すると、工事現場にまつわる記憶がこの無意識の形成物にあたります。

自由連想の中で、抑圧されたシニフィアンそのものが口に出されることはまずありません。だから精神分析において目指されるのは、**無意識の形成物を手掛かりにして、抑圧されたシニフィアンとの間の結びつきを回復させること**です。

無意識の形成物にはさまざまなものがあります。先の症例のように強迫的な記憶の姿をとることもありますし、身体症状としても現れます。「あの時《一歩踏み出す》ことができなかった」という記憶が抑圧されると、文字通り足がしびれて動かなくなり、「一歩踏み出す」ことができなくなる――というようなこともあります（こうした身体症状はヒステリーと呼ばれます。精神分析はこのヒステリーの治療法としてスタートしました）。

そしてもっとも有名な無意識の形成物が**夢**でしょう。寝ている時は自我の働きが弱体化すると考えられており、無意識の形成物が出てきやすくなっていると言われています。フロイトは「夢とは無意識への王道である」と考え、夢の無意識的メカニズムに関する『夢解釈』という本を書きました。同書は精神分析理論が確立された記念碑的な一冊として知られています。

ただしここで念頭に置かなければならないのは、**夢はあくまで結果であって、重要なのはそれを造り出しているプロセスであるということです。**

夢はイマジナリーなものですが、あくまでシニフィアンのメカニズムに従って造り出されたものです。だからそれは象徴的に捉えられなければならないと言えます。言い換えれば、夢をイメージ的に探求しても意味がありません。「掌に蝶々が止まった」という夢を見たとして、「蝶は妖艶さの隠喩であり、その人が、自分の女性的魅力を露わにしたいという願望が見られる」といった意味を見出すことが夢解釈であると、一般的には考えられています。しかしこの印象は正しくありません。むしろ精神分析の夢解釈に近いのは、「掌に蝶が止まる。テにチヨウ。テ、チヨウ。つまりこれは手帳のことだ」というようなものです。自分の手帳に書いた内容が受け入れがたく、抑圧していたところ、蝶々の夢において回帰したというわけです。**夢解釈においては、イメージはシニフィアン的に解釈されなければなりません。**夢に限らず、これは精神分析の鉄則です。

なお、こういう謎々をもっと知りたい人は「判じ絵」について調べてみてください。

◉〈法〉を更新すること

しかし、ここで根本的な疑問が浮上して来ざるを得ません。

それは「無意識の形成物と抑圧されたシニフィアンとのつながりが見いだされたところで、何か良いことがあるのか」ということです。

昔であれば、この疑問に答えるのは簡単だったはずです。「人は無意識に圧倒され、苦しんでいる。しかし精神分析によって無意識のメカニズムが明らかになり、抑圧されたものが分かることによって、無意識は意識化され、消え失せる」と答えておけば説得できたからです。しかしこれは、第二章で批判したように（39頁）、「無知なものに知の光が当てられればすべてうまくいく」という、あまりに主知主義的な考え方です。啓蒙主義の時代ならともかく、現代においてはあまりに単純《ナイーブ》な発想だと言えるでしょう。

もちろん、精神分析にはこうした面もあります。抑圧されたシニフィアンが明らかになることで、自分が本当に何を考えていたのかが分かり、それまでは抑圧されていた「本当の自分」を発見できるということは、確かに重要です。啓蒙の時代が終わったとはいえ、私たちが全く理性主義者でなくなったわけではありません。ですから意識化はある程度の益をもたらすでしょう。しかし、こうした考えだけでは不充分です。

では、どう考えればよいでしょうか。とりあえずは、「**抑圧されたシニフィアンが認められることによって、無意識の〈法〉が更新される**」というのが答えになりそうです。

無意識のシニフィアンは、何が何でも意識に上って来ようとします。そのためには手段を選びません。症例中の「彼女」の自我が、工事現場の思い出に苦しめられることになっても、抑圧されたシニフィアンは再び現れようとして止まないのです（シニフィアンがつねに自分の目的地を目指すことについては、104頁の「アンコール2」で詳しく論じます）。

しかし精神分析において抑圧されたシニフィアンが取り上げられると、シニフィアンは自らの目的を果たします。このことによって無意識の〈法〉が変わり、このシニフィアンにまつわる悩みは消えてくれるわけです。

もちろん無意識の〈法〉自体は存在しており、今度はまた別の抑圧されたシニフィアンが問題となります。ですから一つの症状や悩みが消えても、新たな問題が現れてきて、まだ精神分析は終わらないのです。

そうであれば、精神分析は無際限《エンドレス》に続いていくのでしょうか――これは難問です。分析の終結については、また終章でお話ししましょう。

◉〈法〉に対する主体的な変化

「無意識の意識化」にせよ、「無意識の〈法〉の更新」にせよ、どちらも言っていることはそう変わらないとお思いでしょうか。

しかし後者の考えを取ってみると、必ずしも無意識を意識化しなくてもよいということになります。「私はお母さんが妊婦になった思い出を忘れたいと思っていました。でもそれが人夫への恐怖として回帰したのです」というような説明を、分析主体ができるようになる必要はないのです。

必要なのは、無意識の〈法〉に対する**主体的な変化**があることです。つまり**自我とは違った主体というものがふと明らかになるだけで、苦しみは緩和されるのです。なぜなら、そこでは無意識の主体が〈法〉を更新できたからです。**

だから分析後に彼女が「お母さんのことを喋ったら楽になった……なぜだろう」などと思っていても大丈夫なわけです。精神分析を受けていると「なぜか心が軽くなった」と不思議な思いをすることが多々あるでしょう。そこでは何か、主体的な変化が生じたのだと考えて構いません。

◉まとめ——シェーマLについて

本章の議論のまとめに代えて、最後に**図9**を見ながら**シェーマL**について解説してみましょう。

図9の左上の「S」は、主体を表わします。右上の「a′」は他者（autre）のイメージで、左下の「a」は

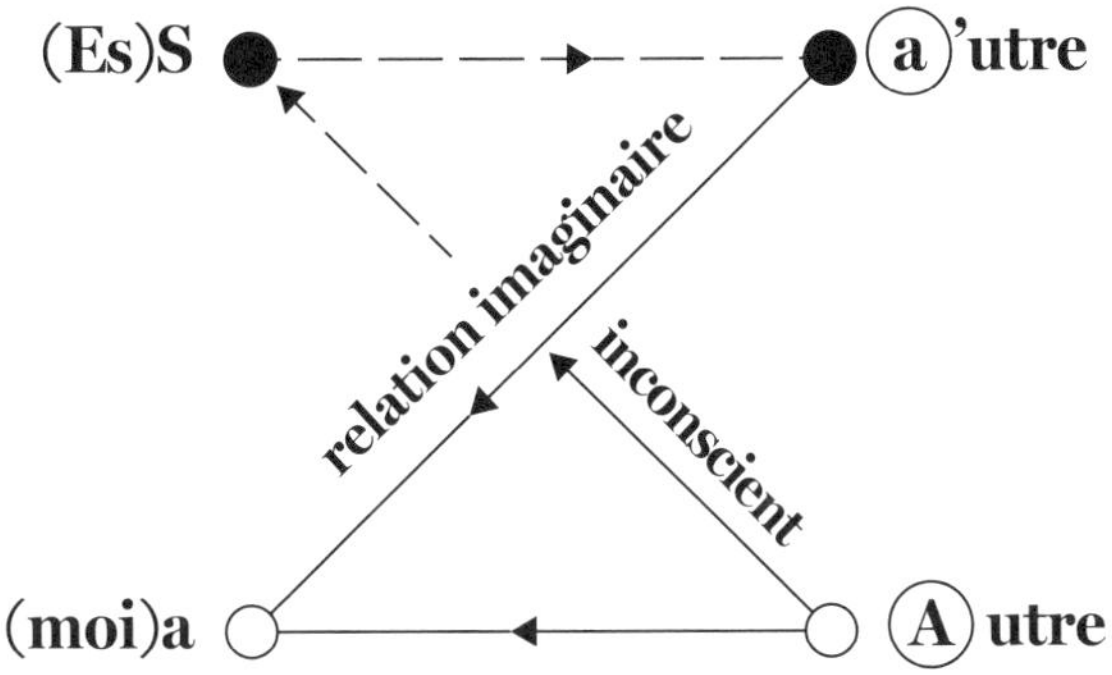

図 9

自我（moi）です。「S」から「a'」を通って「a」に向かう矢印は、他者のイメージを通して自我が成立することを意味します。

つまりこれは鏡像段階を表わしています。主体（S）から自我（a）へ、直接には線が伸びていないことに注意してください。自我は他者のイメージがなければ成立しないのです。

自我（a）は大文字の〈他者〉（Autre）からの矢印にも接していますが、これは自我が他者だけではなく〈他者〉にも支えられているという意味です。

a→a'の軸は想像的関係（relation imaginaire）と呼ばれます。想像的関係とは、まさに鏡像段階の謂いです。しかしこの軸はA→Sの軸に割り込んでいます。そのため、〈他者〉（A）からの無意識（inconscient）のメッセージが主体（S）に届いていません（破線になってしまっています）。

これは、想像的関係に囚われると象徴的な無意識が覆い隠されてしまう（抑圧されてしまう）ということを意味します。したがって、精神分析においてはAからのメッセージがSに届くようになることが目指されるのです。そのことによって無意識のシニフィアンは目的を遂げ、〈法〉が更新されることでしょう。

さて次章では、ここで説明した想像界と象徴界の関係をもとに、より深い問題に入っていきたいと思います。それは**エディプス・コンプレクス**の問題です。

人が〈他者〉の世界に入ることで鏡像段階が生まれますが、それは不安定なものだと述べました。しかし、私たちはこの鏡像段階的な泥沼に嵌ったままではありません。もちろん、そうなってしまう局面があるにせよ、それでも日頃は一応安定を手に入れられています。それはなぜでしょうか。そのことを説明するためには、エディプス・コンプレクスについて考えなければならないでしょう。

アンコール2 手紙は必ず宛先に届く

初めに、ある一つのジョークを紹介しましょう。

一九七七年七月七日に七人兄弟の第七子として生まれたマイケルは、一七歳の誕生日パーティの最中、友人から、その日の競馬の第七レースの七枠に「セブンオペラ」という馬が出走する予定だと聞かされた。その馬は七歳で、体重は七七七ポンドだった。

運命的なものを感じたマイケルは、預金をすべて引き出し、その馬に有り金を賭けた。

結果は七着だった。

このジョークは、ある真理を突いているように思われます。それは一体何でしょうか。一言で述べれば、このジョークは**無意識の〈法〉が、人間の感情などとは関係なく、自らの目的を遂げようとする姿**を表わしています。七尽くしのマイケルが、セブンオペラの出走を知った時、彼は「これは神様が僕にくれた誕生日プレゼントだ」と思ったことでしょう。だから彼は、馬が一着になると信じて疑いませんでした。

しかし「七」の〈法〉にしてみれば、そんなマイケルの想像界（ここでは感情のこと）などお構いなしに、あくまで「七にまつわる出来事を起こす」という〈法〉を徹底したのです。そのことでマイケルに益がもたらされるかどうかなど、全く視野に入れられてはいませんでした。このように、象徴界の〈法〉は、想像界に対してあくまで超越的なものなのです。

第四章で〈法〉の説明をした際、もしかしたら、〈法〉が理性的なものであるようなイメージを与えてしまったかもしれません。「理性的な〈法〉が、感情的な他者同士の双数=決闘《デュエル》を調停する」といったように理解してしまった方もいらっしゃるかもしれません。

しかし**シニフィアンの〈法〉は、自らの規則《ルール》をやみくもに貫徹しようとするもので、時に不条理にすら見えることがあるようなものなのです。**[*3]

＊3　「不条理」という言葉は、しばしば「無秩序」と同義に使われます。しかしながら、本来両者は異なっているはずです。不条理なものの世界は無法地帯などではなく、確かなルールを持っています。しかしそのルールが、条理の世界で生きている私たちのそれとは異なっているため、異様なものに映ってしまうのです。ちなみにこのことは、いわゆる「不条理な物語」を書く際のメソッドでもあります。ただ単に無茶苦茶な世界を書いただけでは、説得力のある不条理な世界を描くことはできません。ただの「洗練されていない冗談」にしかならないのです。不条理さを際立たせるためには、そこに「独自のルール」を持ち込ませることが肝要です。ただし、全く無法地帯であるような不条理というのもあるはずです。ルールを持った不条理は「象徴的不条理」、ルールのない不条理は「現実的不条理」と呼んでもよいかもしれません。しかし今はこの議論を膨らませる時ではありません。

象徴的な無意識は独立し、一貫しており、自らの〈法〉の実現のためには手段を択びません。したがって、時にそれは破壊的な性質まで持つのです。

これをラカンの言葉を使って言ってみると、**「手紙=文字《レットル》はつねに宛先に届く」**ということになるでしょう。

これはラカンが『フロイト理論と精神分析技法における自我』という講義《セミネール》で展開したエドガー=アラン・ポー論（後に改稿されて論文集『エクリ』に収録）の締めくくりの言葉ですが、ここで「手紙=文字《レットル》」はほぼシニフィアンと同じ意味で用いられています。つまりシニフィアンは何があろうと、それが目指している目的地《あてさき》に着くということです。

このテーゼが主張しているのは**象徴界の一貫性**です。象徴界の〈法〉は、どんな時でも自らの目的を果たそうとします。自我がどれだけシニフィアンを抑圧しても、それはつねに無意識の形成物として姿を変えて、失錯行為のような形で、自らの目的を果たす――つまり「つねに宛先に届く」のです。

抑圧されたシニフィアンがそのまま失われてしまうことは決してありません。どんな姿に形を変えても、それはまた現れ、自らの存在を認めさせようとするのです。

これは精神分析の言葉では**反復強迫**と呼ばれます。同じ失敗（失錯行為）を繰り返したり、似たようなパートナーとの似たような破局を繰り返したりするのは、あるシニフィアンが認められないまま、何度も「自分がここにいることを知ってくれ」と主張し続けているからなのです。

私たちは同じ失敗が嫌になり、二度と繰り返すまいとしても、結局同じことをやってしまうものです。それはシニフィアンの〈法〉があくまで厳然と目的――自らを認めさせること――を遂行するからだと言えます。それを認めることがどんなに嫌なシニフィアンでも、ふとした拍子に、事故のような形で、必ず戻ってくるのです。

この苦しみは、精神分析の場において、抑圧されたシニフィアンが取り上げられ、〈法〉が更新される（100頁）まで続くことでしょう。〈法〉の更新とは、シニフィアンの反復強迫からの脱出を意味するのです。

＊＊＊

しかし、自ら水を差すようですが、この議論は典型的に五〇年代ラカン的なものです。六〇年代に入って現実界が考慮に入れられるようになると、象徴界の一貫性は否定されます。象徴界には現実界の穴が開いており、「手紙が必ず届く」ようなものとは言えなくなるのです。

しかし、それを語る前に、まずはエディプス・コンプレクスに関する問題に耳を傾けることとしましょう。

第五章
父親はなぜ死んでいなければならないのか
——エディプス・コンプレックスについて

精神分析において扱われる悩みや問題は、実に多岐に亘ります。しかし、ほぼすべての分析主体が扱うこととなり、また最後まで解決することが困難な問題が一つあります。

それは、父母に関する問題です。

詳しくは後述しますが、フロイトは、患者が持つさまざまな問題は結局のところ父母を巡った問題（**エディプス・コンプレックス**）に収斂《しゅうれん》すると考え、それに向き合うことが精神分析の最終的な目標になると考えました。

ラカンもまた、精神分析における父母の問題を重要視しました。しかし彼の特徴の一つは、当時の精神分析がみな母親の問題を最重要視していたのに対して、むしろ**父親の役割の重要性を強調した**ことと言えます。

またもう一つの特徴は、ラカンが**エディプス・コンプレックスをより構造的に捉え、論理的なものとして把握しようとした**ことにあります。「父親」や「母親」というのは極めて日常的に用いられる言葉ですが、ラカンは、主体の形成においてそれらが果たす機能をとことん追究しました。そのことによって、それらの語彙は特殊な意味を持つに至っています。また「去勢」や「ペニス（ファルス）」などの言葉にもそのイメージを離れた論理的な意味が与えられています。

こうした事情により、彼のエディプス・コンプレクスについての議論はイメージ的な理解を許さず、その論理構造をきちんと捉えなければ理解できないものとなっています。

精神分析の入門書として、エディプス・コンプレクスについて語ることは不可欠です。しかしラカンのエディプス・コンプレクス論を紹介しようとすると、ある程度議論が複雑なものになることを避けられません。

本章は、これまでよりもいくぶん理論的な章となります。複雑な議論はなるべく註釈や補遺の中に追いやり、可能な限り分かりやすく記述するつもりですが、それでもいささか理解に骨が折れるかもしれません。一読してご理解いただけなかったら、何度か読み直していただく必要があるかもしれません。また先を急ぐ方は一旦読み飛ばしていただいても結構です。

それでも、そうした労苦を補うだけの豊かな発見の数々が、エディプス・コンプレクスの議論の中から見つかるでしょう。

◉精神分析にとって父母とは何か

私たちが最初に出会う〈他者〉は母親であると述べました（89頁）。

前章では説明するタイミングがなかったのですが、ここで多くの方が疑問を抱いたことでしょう。つまり「もし母親がいなかったらどうなるのか」、あるいは「鏡像を指して〈これがお前だよ〉と言うことは、父親にでもできるのではないか」と思った方も多かったはずです。

こうした疑問に答えるためには、そもそも精神分析において「父」や「母」といった言葉が何を意味しているかを明らかにしなければなりません。

「母親が最初の〈他者〉である」という表現は、もしかしたら不正確かもしれません。正確には、「最初の〈他者〉が母親である」と言った方が良いでしょう。つまり、**私たちが最初に出会う〈他者〉のことを、精神分析では母親と言っているのです。**

「母」という言葉が具体的に示しているのは、子供の養育者全般です。だからそれは生物学的には父親であってもいいし、あるいは施設の職員などでもいいということになります。精神分析における「母」とは、あくまで理念的なものだと理解してください。

では父親とは何でしょうか。「父」というのもまた理念的存在です。しかし「母」が指すのが養育者一般であるのに対して、父親は養育とは全く別のことを行う存在です。それは何でしょうか。一言で言えば、父親の持つ役割とは、**〈法〉を司り、主体を去勢すること**だと言えます。

しかし、これだけでは何のことか理解できないでしょう。ここから一歩ずつ「父」の概念が持つ謎を解き明かしていきましょう。

◉要請なくして生はなし

繰り返しますが、人間の幼児は〈他者〉の助けなしでは生きていくことができません（90頁）。生まれて間もなくエサを探せるヒヨコとは違います。

しかし、一方で人間は物理的（ないし生物学的）存在でもありますから、食べたり寝たり排泄したりする必要はあります。こうした生物学的な必要性を**欲求**と言います。欲求の原語は《besoin》ですが、これは「必要性」という意味も含んでいます（ちなみに、英語では〝need〟と訳されています）。

人間の幼児の特徴は、〈他者〉がいなければ生きるための必要性すら満たせないということです。つまり、

欲求を満たすためには、それを〈他者〉に要請しなければなりません。

と言っても、赤ちゃんはただ泣くだけで、直接母親に「おっぱいを飲ませて」などと頼むわけではありません。母親の方が、赤ちゃんが泣いているのを見て、「これはお腹が空いたのだな」とか「おしめを替えてほしいのかな」などと解釈して、赤ちゃんの欲求を満たしてやる必要があります。つまり母親は、赤ちゃんの泣き声を**要請として解釈する**のです。ここにおいて欲求は要請になります。

母親は言語の世界の住人ですから、赤ちゃんの泣き声は言語的に解釈されます。「これは○○を訴えているのだな」といったように解釈されることで、赤ちゃんの泣き声はひとつの言語的メッセージになります。

このように**欲求は要請として言語化されない限り満たされない**のです。ここにおいて、それまで動物同然の物理的存在だった赤ちゃんにシニフィアンが刻まれ、言語の世界に参入する契機《きっかけ》となります。

前章で「赤ちゃんはみな言語の世界へ入る」と述べましたが（87頁）、それはなぜかというと、言語を経なければ欲求が満たせず、生きていくことができないからです。

◉現実的欲求と象徴的要請のギャップ

しかし重要なのは、欲求と要請の間にギャップが存在するということです。

これは**象徴界と現実界の間のギャップ**と言ってもよいでしょう。欲求は生物的なものなので現実的なものと言えますが、要請は言語的であり、象徴的なものです。欲求と要請は決して一つのものになることはできず、両者の間には決して埋めることのできない距たりがあるのです。

何度も繰り返しますが、言語は物理世界を離れて、独自の世界を作ります（68頁）。それと同じく、**要請も欲求を離れて、独自のものになってしまいます。**

それは何かというと、**母の愛の要請**です。もともと欲求を満たすためのものであった要請は、しかし、欲求の対象と直接関係のない、母の愛を求めるようになってしまうのです。

90頁で「〈他者〉の世界に落とされることの根源的な不穏さ」について語りました。この不穏さは「〈他者〉に生殺与奪を奪われている」というものでしたが、ここまでの議論もこの不穏さと同じものを生み出します。

現実的欲求が象徴的〈他者〉への要請によってしか満たされない以上、幼児は〈他者〉に全存在を委ねなければなりません。〈他者〉がいなくなることは幼児にとっては死を意味します。ここから**〈他者〉の不在に対する根源的な不安**が生み出されます。

ですから子供は、単に欲求を満たすことを越えて、〈他者〉の愛を要請するようになります。なぜなら**〈他者〉に愛されれば、いつでも〈他者〉が傍にいてくれる**からです。

これは机上の空論ではなく、実際に観察されている現象です。例えば、ある時期、多くの幼児が母親にいろいろなものを欲しがるようになることがあると言います。「ねえ、プリンちょうだい」「ミニカー買って！」「ピアノを習いたい」などなど……。あなたが子供を愛していて、子供の要請になんでも答えてあげたとします。するとどうなるでしょうか。

子供の要請は果てしないものになっていくでしょう。いや、そればかりではありません。ある時を境に、子供は何も欲しがらなくなってしまうかもしれません。何も欲しくない、何も食べたくない……こうして、時に子供の**拒食症**というものが生まれます。

一体どこで道を誤ったのでしょうか。「こんなにもこの子の望みを叶えてあげたのに」と、あなたは思うかもしれません。

結局、あなたはどうすればよかったのでしょうか。それは、子供がいろいろなものを欲しがった時に、それを叶えてやるのではなく、その代わりにただ頭を撫でてあげたり、抱きしめてあげたりしてやればよかったのです。そうすれば子供はもういろいろなものを欲しがりはしなかったでしょう。なぜなら子供は本当にミニカーやゲームが欲しかったわけではなく、ただ母親にそこにいて欲しいだけだったからです。**つまり、子供が要請していたのは、母の愛だったのです。**

ラカンには「愛とは持っていないものを与えることである」(L'amour, c'est donner ce qu'on n'a pas)という有名な言葉があります。子供を愛しているのならば、自分の持っている(お金を使って)ケーキや服を与えるのではなく、何も与えずに寄り添ってやるべきなのです。なぜなら、子供が要請しているのは母の愛情だからです。その対象は母が持っている何かではなく、母親自身なのです。

◉欲望は他のものを目指す

こうした厄介な事態のすべては、繰り返すように、現実界と象徴界の間のギャップに由来しています。**欲求と要請の間のギャップからは、「欲望」が生まれます。欲望が目指すのはこのギャップを埋めることです。しかしそのために、欲望はつねに「他のもの」の欲望となります。**

どういうことでしょうか。前節で「何も与えず寄り添ってやればよい」と述べましたが、子供が何かを欲しがるたびにただ頭を撫でるだけでは、形骸化してしまって、愛を与えることにはなりません。そこでは「頭を撫でる」という行為が、もはや「母の持っている何か」になってしまうわけです。

欲望は欲求と要請のギャップを埋めることを目指しますが、しかしそれは、結局不可能なことです。人間が本能を欠いており、言語的存在である以上、このギャップが生まれることは不可避だからです(90頁)。〈他者〉の世界に産み落とされる不穏さが消えることはないのです。

そのため、欲望が究極的に満たされることはありません。母に頭を撫でてもらって、愛の要請が叶ったように思え、欲望の満足を得た気になっても、満足は一時的なものでしかありません。

だからこそ欲望はいろいろな対象をとっかえひっかえしていくのです。欲しかった服や本などを手に入れた瞬間、「どうしてこんなものが欲しかったのだろうか」と醒めてしまうことはないでしょうか。海外旅行で一番楽しいのは、成田空港で不味いスパゲッティを啜りながら「楽しみだねえ」などと話している時で、実際に目的地に着くと、もう帰りたいと思い始めていませんか。正月より大晦日の方が楽しくありませんか。

それは欲望のもつ性質ゆえです。欲望はつねに〈他のもの〉、〈それではないもの〉を目指します。だから**何かが手に入った時には、もうすでに別の何かが欲しくなってしまっている**のです。本当に楽しい時、それはまだ「自分の欲しい何か」が手に入らず、それを期待しながら待っている時なのかもしれません。

◉欲望は要請の彼方に

ここまでの議論を**図10**にして整理しましょう。

縦の矢印は欲求です。そして横の二つの曲線のうち、上が「欲求を満たすための要請」、下が「愛の要請」を指しています。

欲求を満たすためには、要請を経なければなりません。しかし両者の間にギャップがある以上、要請はつねに二面的になります。ただ単に欲求を満たすためだけの要請はなく、どんな要請でも、その下には、愛の要請が存在しているのです。

そして二つの要請の間には欲望が位置します。欲望はギャップから生まれ、どちらの要請にも属しません。欲望は要請の彼方にあり、どんな要請をしても欲望を満たすことはできないわけです。

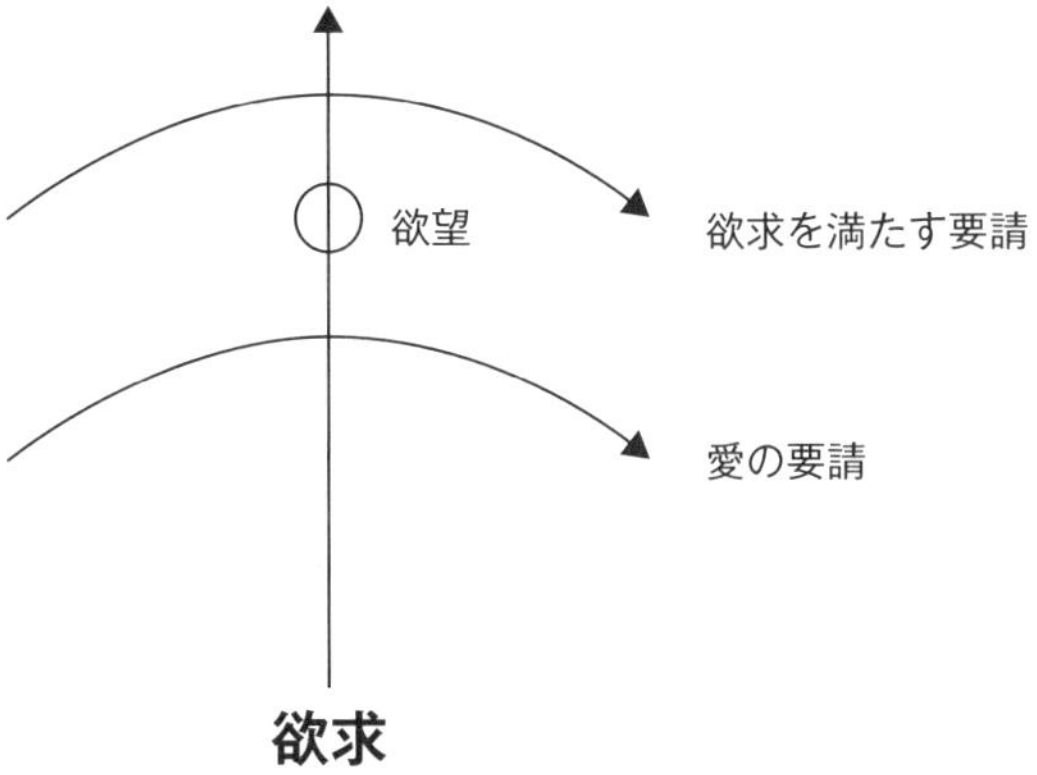

図10

ここで重要なのは、**欲求・要請・欲望は、段階に連れて変わっていくものというよりも、同時に作用するものだ**ということです。どれだけ大人になっても人間が生理的な欲求を満たすことの必要性は変わりませんし、誰かに何かを要請することがなくなるわけではありません。そしてそこにおける満たされなさゆえに、欲望もつねに働いています。

例えば患者が分析中にトイレを貸してもらいたいと申し出たとします。ここで患者が欲しているのは排泄という欲求を満たすことのように思えますが、重要なのは、分析家にそれを要請しているということです。だからこの要請の裏には、何か隠れた欲望が存在しているかもしれないのです。それは分析家のプライベートルームを覗きたいとか、あるいは、自分の分身としての排泄物を分析家に捧げたいというような欲望でしょう。ともあれ、患者が急に催したりすることは、解釈を行うべきポイントになり得ます。

ここまでの議論はご理解いただけたでしょうか。以上の議論を前提にして、子供と母親の関係について、もっと踏み込んでいきたいと思います。

◉母の法に従属した主体

繰り返しますが、生の必要性（＝欲求）を〈他者〉に依存している幼児は、何としてでも〈他者〉の不在を避けようとします。しかし、それでも**〈他者〉がいなくなることは実際にあります。**お母さんはいつも赤ちゃんにつきっきりというわけにはいかず、二階で電話が鳴れば赤ちゃんのもとを離れますし、来客がある場合もあります。赤ちゃんが昼寝から目覚めた時、目の前に誰もいないというようなことはあるでしょう。

その度にお母さんは「電話が鳴っているからちょっと行くね」といった説明をするかもしれませんが、言葉の話せない赤ちゃんには、それが分かりません。彼／女には、なぜ〈他者〉が目の前からいなくなるのか分からず、また〈他者〉が戻ってきたとしても、なぜ目の前に現れたのかが分かりません。

つまりここで**赤ちゃんは、ランダムに現れたりいなくなったりする〈他者〉に生殺与奪の権を託すという不穏な状況にいる**わけです。ラカンはこの状況を不満《フラストレーション》と名付けています。母親という〈他者〉が自分のもとに来て満足を与えてくれないというのは、私たちが原初的に味わう「満たされなさ」なのです[*1]。

だからこそ赤ちゃんは〈他者〉を自分のもとに引き留めておこうとしますが、彼／女には、〈他者〉の現前と不在を決める規則《ルール》（＝〈法〉）が分かりません。母親はただ偶然的に現れたり消えたりする存在でしかないのです。

そこで、赤ちゃんは一つの仮説を作ります。それは先述の通り（112頁）、「お母さんが目の前に現れるのは、自分のことを愛しているからだ。でも他のところに愛するものがあると、そっちへ行ってしまうのだ」という仮説です。

そしてここから導き出される結論は「**お母さんを引き留めるために、自分はお母さんの欲望の対象になら**

なければならない」というものです。こうして赤ちゃんは、母親に欲望されようとします。ありていに言えば、母親の気に入るような存在になろうとすることに全力を捧げるのです。

この状態は、母親の気まぐれ（と幼児が思っているもの）で自分が生きも死にもするという危険な状態です。子供は「お母さんが傍に来てくれなくなったら、もう生きていけない」という不安に支配されています。それを避けるために、彼はつねに母親の恣意に従属せざるを得ません。

こうした幼児の姿を、ラカンは「母の法に**従属した主体**（assujet）」と名付けています。これは「〇〇の支配下に置かれた」という意味の形容詞《assujetti》と「主体（sujet）」を掛けたものです。

そしてここで「母の法」と呼ばれているものは、「母の気まぐれ」と同義です。したがって、それは真の意味での〈法〉だとは言えません。母子関係には、それを統御するような〈法〉が欠けているのです。

「母子関係」などというと、いかにも美しく、温かく、尊いものに思われます。しかし精神分析が明らかにした知見に基づけば、それは甚大な危険を秘めています。**子供は母という〈他者〉に従属しきりなので、いつしか母が子供を飲み込み、その主体性を奪ってしまうような恐れがあるのです。**したがって子供にとって重要なのは、**母の法に従属した状態から抜け出すこと**です。

＊1　余談ですが（また、ややこしい話ですが）、「目の前からいなくなることがある」という点で、ここでの母親は象徴的なもの（「象徴的母」）と言えます。なぜなら現実界においては「何かが不在である」ということがあり得ないし（母親がいなくなったとしても、その物理的な存在自体がなくなったわけではありません。そもそも現代物理学的に言って「何も物質がない状態」というのはありませんし）、想像的に不在を把握することもできません。後者については、よく挙げられる例ですが、「リンゴの絵」を描くことはできるけれど、「リンゴがない絵」というのを描くことはできないわけです。「不在《アブセンス》」はあくまで「現前《プレゼンス》」との対比によってしか把握できません。「不在」は、それだけでは成立せず、「現前」という他のものに接続される限りでしか意味作用を持ちません。つまり不在とはシニフィアン的なものであり、象徴的なものだということになります。シニフィアンとは、他のシニフィアンに接続されることによってしか機能しないものなのですから。

◉〈父の名〉の導入

それでは、脱出のために、どうしたらよいのでしょうか。

そう、ここで父親の役割が欠かせません。母の法への従属を抜けるためには、父親が現れて、**母の法とは異なった〈法〉**を提示してやることが不可欠なのです。

父親とは、あくまで〈法〉を与える存在として理解しなければなりません。「父親」に対する一般的な印象《イメージ》には、「怖い」「暴力的」、または「情けない」というのがありますが、これらはみなイメージによって把握された**想像的父**でしかありません。

他方、精神分析において真の意味で〈父〉と言えるのはあくまで**象徴的父**です。象徴的父は、**〈父の名〉(Nom-du-Père)**とも呼ばれます。〈父の名〉は必ずしも、その人の生物学的な父親とは言えません。むしろ、**〈法〉を司る機能そのもの**だとお考え下さい。

なぜ〈父の名〉と呼ばれるかというと、カトリックにおける「〈父〉と〈子〉と〈聖霊〉の名において(au nom du Père et du Fils et du Saint-Esprit)」というお祈りが大きく影響していると思われます。これは言うまでもなく三位一体説を踏まえたものですが、ここで〈父〉(=〈子〉=〈聖霊〉)と呼ばれているのは、神のことです。つまり〈父の名〉という時の父とは、ある意味神のような超越的存在です。

〈法〉がもたらされるのは、なんらかの超越的存在によってでなければなりません。自分と同じレベルの他者が〈法〉を作っても、それはせいぜい「約束」にしかなりません。力《レベル》の差があってこそ、〈法〉は機能するのです。

狭義の法律について考えてみても、それを制定できるのは国家といった、国民に対して超越的なレベルにある存在だけです。実際対等な国家間の国際公法はせいぜい〈契約〉にしかならず、結局は戦争という闘い《デュエル》に雪崩れ込んでしまいがちです（だからと言って、どこかの国の一強体制こそが望ましいと言いたいわけではありません。国際社会には、象徴的父がするのとは異なった仕方で平定がもたらされる必要があるということです）。

◉ Appendix――〈他者〉と「〈他者〉の〈他者〉」[*2]

前章で確認したように、〈法〉をもたらすのはまさしく〈他者〉の役割です（86頁）。しかしここで厄介な問題が発生します。それは、母もまた主体が初めて出会う〈他者〉なのに、なぜ彼女は〈法〉をもたらさないのかということです。

しかしこれについては以下のように考えられます。つまり母は（象徴界の存在なので）〈法〉に従っていますが、子供にはそれが分からないのです。**母が象徴的に行動しているのに対し、子供はそれを想像的に解釈してしまっている**（「僕のことがもう好きじゃなくなったからどこかへ行ってしまうのだ」）ということです。子供が〈法〉を知り、〈法〉の中で生きられるようになるためには、〈法〉を担う存在が必要になります。そう、それが〈父の名〉です。

ここからラカンは、「〈父の名〉とは《〈他者〉の〈他者〉》である」と言っています。**「〈他者〉の〈他者〉」とは、母親という〈他者〉に〈法〉を与える、もう一つの〈他者〉です。**

前章の議論（86頁）は「他者との双数=決闘《デュエル》的な関係に〈他者〉が介入すれば〈法〉が導入される」というような比較的単純な発想でしたが、ここではもう少し精密化しています。つまり「〈法〉の導入のために

＊2　この節は少しややこしいので、面倒ならば読み飛ばしていただいて構いません。

は、母という〈他者〉だけでは足りず、そのまた〈他者〉である象徴的父による保証が必要である」ということです。大文字の〈他者〉は小文字の他者を保証してくれる存在でしたが、では〈他者〉の〈法〉を誰が保証するのかと言うと、「〈他者〉の〈他者〉」であるというわけです。ここにはちょっとした理論的変遷（72頁）を見て取ってもよいでしょう。

◉父は母親の言葉の中にしか存在しない

といっても、別に母子の前に実際の父が現れて「母さんは倅《せがれ》を縛るな、倅は母さんに縛られるな」といった宣言をするわけではありません。

〈父の名〉は、あくまで母親の言葉《パロール》の中にしか存在しません。つまり母親の「そんなことをするとお父さんが怒るよ」といった発言《パロール》の中で言及されることによって、初めて〈法〉を担うものとしての父の機能が姿を見せるのです。あるいは、直接父親に言及していないものの、「そんな悪いことをするとお母さんはもう面倒を見ないからね」といった言葉でもよいでしょう。

〈父の名〉が浮かび上がるのは、母という〈他者〉が従っている〈法〉を明らかにするような言葉《パロール》においてです。ここにおいて、母が現れたりいなくなったりすることの〈法〉が、子供にとって明らかになります。母親が、気まぐれ（母の法）で自分に接しているのではなく、〈他者〉の世界の中の秩序に従っているということが分かるのです。

〈法〉を理解することによって、子供もまた〈法〉に則って生きられるようになります。もはや母に飲み込まれず、自分の独立を保てるようになります。かくして、〈他者〉の世界における子供の生が安定するのです。

◉父親はなぜ死んでいなければならないか

要するに、「母などの〈他者〉が教えてくれる〈世界の秩序〉というものがあり、それを保証してくれる存在として措定されるのが象徴的父（〈父の名〉）である」というわけです。

私たちはよく、「天網恢恢《てんもうかいかい》疎《そ》にして漏らさず」や「お天道様は見ていてくれる」といった言い回しを用います。これは、「自分が信じ、従っている正義のルールは、〈お天道様〉といった超越的な存在が保証してくれている」という信仰の現れです。当然、私たちは「我はお天道様なり」などと宣《のたま》う人物に会ったことはありませんし、太陽に向かって祈ることすらしないでしょう。

それでも「お天道様」と言わざるを得ないのは、「そういう存在がある」ということにしないとまともに生きていけないからです。「お天道様」というのは、〈法〉に保証を与えてくれる限りで必要とされている概念に過ぎません。

同様に、**象徴的父とは「〈法〉を保証してくれる存在」として拵《こしら》えられたものに過ぎません。**だからそうした人物が実在しているかどうかは関係なく、ただ、象徴界の〈法〉をただの私法と区別するために、なんらかの超越的存在の保証があるということにしなければならないだけです。*3

ラカンは「象徴的父とは死んだ父である」という、いささか突飛なことを言っています。これを簡単に説明すると、「**父が機能するためには、その内実があってはいけない。父は〈法〉を保証する以上のことをしないので、人間としては死んでいる**」というような意味です。

〈父の名〉の問題についてよく訊かれる疑問の一つに、「父親が亡くなった母子家庭でも〈父の名〉は機能するのか」というものがあります。無論、実際の父親がいないからといって、そのまま父親の機能が排除されるわけではありません。例えば母親が「死んだお父さんに恥ずかしくないような立派な人間になるんだよ」などと言い聞かせれば、子供は相当に父のことを意識して生きていくことになるでしょう。亡くなった人というのは、往々にして、生きている人以上に影響を与えるものです。生前はそれほど親しくなかったのに、亡くなってから思いを馳せるようになった友人もいるでしょう。

もし父親が生きていたら、母（彼にとっては妻）との間にいろいろと喧嘩やいざこざも起こしたでしょうし、〈法〉を担うような理想的存在には見えなかったかもしれません。しかしこの例のように父は、死ぬことによってむしろ理想化され、〈法〉を担う〈父の名〉として強く意識されるようになることもありえます。

反対に、母親が父親のことを父親と認めず、軽蔑ばかりしていたとしても、それだけで〈父の名〉が機能しなくなるわけではありません。母親が「全く父ちゃんは情けないんだから……いいかい、あんたは父ちゃんと違って立派な人間になるんだよ。でなきゃ世間様は認めてくれないからね」などと言えば、実際の父は軽蔑されていても、どこかに理想的存在があること自体は伝わりますから、子供は「〈法〉を司る存在がいる」ということを理解でき、〈父の名〉は機能するでしょう。

どちらにせよ父は（事実上）死んでおり、あくまで母という〈他者〉の言葉《パロール》の中にしか現れていないことがお判りでしょう。（象徴的）父とは、文字通り〈他者〉によってその〈名〉が言及される限りにおいてしか機能しないわけです。

◉母は父の存在を認めなければならない

だからある意味、父よりも母の存在の方が重要なのです。**子供の中で〈父の名〉が機能するようになるためには、母がなにがしかの父的な存在を認めていなければなりません。**

それは必ずしも実際の父親（自分の夫）である必要はありませんが、しかし、母親が一切の父親的存在を認めなければ、子供は〈父の名〉を手にできません。

いささかマニュアルめいたことを言うと、子育てにおいて母親は、子供の面倒を何でも見てあげるだけでは足らないのです。母にとって重要な役目は、何らかの父的存在を認め、「世の中には〈法〉があって、お前もその中で生きなければならないんだよ」ということを子供に理解させてあげることです。

以上のように言うと妙に保守的に聞こえるかもしれませんが、ここでいう〈法〉とは、**特定の法律や信条などではなく、〈秩序〉一般**のことです（これについては71頁以下でも明言しました）。つまりこの世界は気まぐれな混沌《カオス》ではなく、何らかの秩序《ルール》のもとで動いているということです。この最低限の〈法〉の機能がなければ、人間は安定して生きていくことすらできません（これについては179頁の「アンコール4」をご参看ください）。

革命家にとっても、あらかじめ〈法〉の機能を会得していればこそ、特定の法律や慣習などを変革することが可能になります。「子供を伝統的な規範に従わせなければならない」と主張しているわけではありません。「なにがしかの秩序を導入《インストール》するべきだ」というだけのことです。

＊3（121頁）119頁で〈父の名〉は「〈他者〉の〈他者〉」だと述べましたが、それはあくまで〈他者〉に必要とされる限りで必要になる機能的存在に過ぎません。もし「〈他者〉の〈他者〉」が実際に存在するのであれば、その「〈他者〉の〈他者〉」の保証は誰が与えるのかという問題が生じます。仮にその保証を「〈他者〉の〈他者〉の〈他者〉」に求めたところで、今度は「〈他者〉の〈他者〉の〈他者〉」の保証を与えるのが誰かが問題になります。つまりこの議論は無限退行してしまうのです。だからこそ「〈他者〉の〈他者〉」は具体的に存在していてはならず、〈他者〉によって言及される限りでの機能しか持ってはならないのです。後にラカンは「〈他者〉の〈他者〉など存在せず、それは〈他者〉が作り出した見せかけ《サンブラン》に過ぎない」と考えるようになりました。これは「メタ言語は存在しない」「〈他者〉（の〈他者〉）は存在しない」などという言葉によって表わされています。しかしこうした発想は、本文で解説した議論の中にすでに表われていると考えられます。

◉剥奪者としての想像的父

さて、ここでこれまでの議論をまとめてみましょう。

子供は生まれてすぐ言語の世界、つまり象徴界に参入しますが、初めそこには〈法〉がなく、「母の法」という気まぐれなものしか機能していません。子供がこうした恣意に従属していると、母に飲み込まれる恐れがあり、象徴界はとても不安定で危険なものになってしまいます。しかし〈父の名〉によって象徴界にきちんとした〈法〉が成立すると、安定した生が手に入ります。子供は母の法への従属を脱し、母と同じく〈法〉の世界の中で生きられるようになります。

……しかし、これはかなり簡略化した議論です。実際には、そう上手くはいきません。子供が〈父の名〉の〈法〉を受け入れられるようになるまでには、さまざまな困難があるのです。

というのも、子供にとって、父親はまず母の**剥奪者**として受け止められてしまうからです。

母親は子供を愛しているでしょうが、同時に自分の夫を愛してもいます。大人であれば、この二つの愛は範疇《カテゴリー》の異なる愛だと理解することができますが、幼い子供にはそれができません。つまり子供にとって父親は、**母親を自分の前から連れ去ってしまう敵**に思われてしまうのです。

これが「剥奪者」という言葉の意味することです。「ママはこのパパとかいう奴を愛している。だからどこかへ行ってしまうのだ。それなら、こいつを倒せばママはいつも僕の前にいてくれる」というわけです。

ここにおいて父親は**〈法〉をもたらす象徴的父**ではなく、**母親を剥奪するような想像的父**として捉えられてしまいます。そのため子供は、想像的父との間に鏡像段階的な愛憎渦巻く関係を築き上げてしまいます。「ママが僕を望んでくれなくなったのは、あのパパとかいう奴のせいだ！」と父を敵視してしまうのです。

そこで子供は父の〈法〉を受け入れるようなことはしません。ただ父を倒して母を取り戻そうと苦心するだけになってしまいます。

◉エディプス・コンプレクスの三つの時

そう、ここから始まるものが**エディプス・コンプレクス**です。

エディプス・コンプレクスはもともとフロイトが提唱した概念ですが、端的に言えば「**母子関係に父が介入することによって子供が抱く、愛や憎悪などの観念の複合体《コンプレクス》**」を指します。具体的に言えば「父親を倒して母親を自分のものにしたい」や「でもそんなことを思っているとお仕置きされるかもしれない」などといった愛憎の混合です。

人はみな近親相姦的な欲望を抱えており、子供にとって母親は最初の愛情の対象になります。しかしそこに父が現れることによって、母親が奪われてしまったように感じ、子供はそれを亡き者にしたいと敵意を向けるのです。

この図式はここまでの議論にも当てはまります。父親が母子関係の中に介入する時、子供にとっては剥奪者としての想像的父と感じられてしまいます。

ラカンはこの段階を、エディプス・コンプレクスの**第二段階**（**第二の時**）と捉えています。二番目ではありますが、エディプス・コンプレクスの実質的なスタート段階と考えて良いでしょう。

このひとつ前の段階、つまり**エディプス第一の時**（116頁では「不満《フラストレーション》」と言いました）は、**前エディプス期**と言えます。それは子供が母親という〈他者〉を引き留めておくために、母の欲望の対象になろうとする時です。そこでも（象徴的）父は、母が従う〈法〉を担う存在として潜在的に機能していますが、子供にはそれが分かりません。というのも、子供が見出すのはただ母の法だけだからです。母親がいなくなってしまう原因は、彼女の恣意の中にだけあると考えられ、真の意味での〈法〉はまだ発見されていません。

しかし**エディプス第二の時**において、子供は「あのパパとかいう奴がママを連れて行ってしまうんだ」と思うようになります。そこにおいて初めて父親が姿を現します。つまり**母親の現前と不在を統御している原因として、父の存在が見出される**のです。

しかしそこではまだ、〈法〉の統御という父の真の機能が見出されていません。象徴的父の機能は発見されておらず、父は想像的父として、母親を剥奪するだけの敵と思われてしまいます。

しかしたとえそうであっても、ここで父の存在が見いだされていることは重要です。というのも、そこから父に対する考え方が変われば、エディプス・コンプレクスの出口が現れるからです。

それこそがエディプス**第三の時**です。

◉〈奪う〉父から〈与える〉父へ

エディプス第三の時とは、子供が父を象徴的父として捉えられるようになり、その〈法〉を受け入れるようになる段階です。

そこにおいて想像的父に向けられていたようなエディプス的敵意は、もう消えてしまいます。なぜなら第三の時において、それまでの想像的父とは違った、象徴的父の姿が明らかになるからです。

そのことによって**父は、自分から母親を〈奪う〉存在ではなく、〈法〉を〈与える〉存在に変わります**。父はもはや「自分から大切なものを奪う敵」ではなくなり、「自分に大切なものを与えてくれる存在」になるのです。そういった存在を、子供が恨むわけがありません。

そう、この第三の時こそ、フロイトが語ったエディプス・コンプレクスの解消の時期だと言えます。

エディプス・コンプレクスは上手くいけば理想的な仕方で解消させることができるとフロイトは考えました。しかし、その解消が不十分であったために、人はエディプス・コンプレクスを抑圧せざるを得ず、後年になってそれが回帰し、神経症に苦しむこととなると彼は言っています。

だから精神分析において重要なのは、**各々の患者が自分の中に未解決なまま留まっているエディプス・コンプレクスの問題を再認し、改めてその解消に取り組むことだ**、というのがフロイトの考えであり、ラカンも基本的に同じ意見を持っています。

では、エディプス・コンプレクスが解消される条件、つまりエディプス第三の時に進むための条件は何でしょうか。

それについて語るためには、**去勢**という概念について理解していただく必要があります。

◉去勢とは何か

フロイトは、幼児がエディプス・コンプレクスから（暫定的に）脱するきっかけとして、幼児の**去勢不安**を取り上げました。

去勢というのは、その名の通り、ペニスを切り取られることを意味します。フロイトによれば、幼児が母親を愛するようになる時期（**ファルス期**と呼ばれます）、彼は自分がペニスを持っていることを発見します。そして同時に、女の子にはこのペニスがないことも発見します。

ここで「男には男性器が、女性には女性器がある」と納得できるのはあくまで成熟後です。幼児は自己中心的なので、「自分が持っている男性器をなぜ女の子が持っていないのか」を理解することができません。

そこで彼は、「女の子にペニスがないのは、誰かにそれを奪われてしまったからだ」という仮説を作り出します。さらにそのことで男児は、「自分の持っているこのペニスを、誰かに**奪われてしまうかもしれない**」と恐怖することになります。お分かりの通り、これが去勢不安です。

そして女の子のペニスを奪ったのは誰なのかと言うと、父親のような強大な存在です。そのため「お父さんを怒らせて自分のペニスを奪われたら大変だ」と恐れ、父親を「**母親を奪う恋敵**」というよりも「**去勢を行う脅威**」として捉えるようになります。

すると「お父さんを憎んでいたら去勢されてしまう。お母さんを自分のものにしようなんて考えてはいけない！」と不安になり、幼児はエディプス的敵意を引っ込めます。これがエディプス・コンプレクスからの脱却の契機となります。

つまり**去勢不安によってエディプス・コンプレクスが解消される**のです（先述の通り、この解消の過程に問題があると神経症になるとフロイトは考えます）。想像的父への敵意から脱出するためには、何らかの形で幼児が去勢の脅威を感じなければなりません。

それまで幼児は「お父さんがいるからお母さんと近親相姦できない」と考えていました。しかしここに至ると、「お母さんと近親相姦してはいけない」というように、考え方が更新されます。この新しい考えのもと、幼児には規範意識が生まれ、性に関するルールを身に着けます。ここでのルールとは、すなわち近親相姦の禁止です。去勢に対する恐れからこの禁止を受け入れてこそ、幼児は「正常な」セクシュアリティを会得することができるわけです。

エディプス・コンプレクス解消の時とは、幼児が去勢不安によって性的な標準化《ノーマライゼーション》を成し遂げる時なのだと言えるでしょう。

◉〈父の名〉からファルスへ

ここまで紹介したのはあくまでフロイトの議論ですが、ラカンもこの去勢の理論を受け継いでいます。しかしフロイトの去勢理論が多分に神話《ものがたり》であったのに対し、ラカンのそれはより論理的、構造的なものになっています。

第一にラカンは「ペニス」ではなく「**ファルス**」という言い方をします。「ペニス」は生物学的な器官としての男性器を指しますが、「ファルス」とはより意味的、文化的に捉えられた男性器を意味します。人間存在にとって、ファルスは重大な意味合いを持っています。本来ペニスは踵《かかと》や腎臓と同じくただの一器官に過ぎないわけですが、人間はそれを特別視し、さまざまな意味合いを与えてきました。男根崇拝はさまざまな文化にも見られますし、男根、特に勃起したそれは、力強さや男らしさの象徴のようなものとして受け止められています。フロイトもラカンも、「ペニス」や「ファルス」と言う時は、そうしたさまざまな意味合いを念頭に置いています。

しかしラカンが「ファルス」の語に込めている意味は、それだけではありません。先述の通り、エディプス・コンプレクスの解消（エディプス第三の時への移行）のためには、子供が「去勢」と呼ばれる操作を経ることが不可欠です。

しかしこの「去勢」という概念が厄介です。フロイトにおける去勢は、単純に「自分のペニスが切り取られる」ということしか意味していませんでしたが、ラカンにおいてはそもそも「ファルス」の概念が独自なので、ラカン的な意味での「去勢」が指すものはかなり独特です。

それを理解していただくために、ここからは「ファルス」の概念を中心にエディプスの三つの時を再考してみたいと思います。

ここまでは〈父の名〉を中心にエディプス・コンプレクスについて考えてきましたが、それでは「エディプス第二の時から第三の時への移行はいかになされるか」が曖昧なままでした。しかしファルスを中心にエディプス・コンプレクスを考えることで、去勢について理解できるようになり、この「移行」が意味するところがより明確化するでしょう。

◉ファルスへの同一化――「鏡像段階」再考①

先述の通り、エディプス・コンプレクス第一の時において、子供は母親の欲望の対象になろうとします〈116頁〉。実は、ここで**「母親の欲望の対象」と呼ばれているものがファルスに他なりません。**どういうことでしょうか。ここまで簡単に「母親の欲望の対象に同一化する」と語ってきましたが、ここで「欲望」という言葉に注目してみましょう。

主体が欲望を持っているということは、主体に何かが**欠如**しているということと等価です。何も足りないものがない人は、何かを欲望したりはしないのですから（なおこの「欠如」を突き詰めていくと、先述の通り〈111頁〉現実的欲求と象徴的要請のギャップが生み出す欠如に突き当たります。これは**存在欠如**と呼ばれます）。

だから母親が何かを欲望しているということは、母親に何かが欠如しているということと同義です。そして欠如しているものが欲望の対象である以上、この欠如はファルスの欠如だと言えます。つまり**ファルスとは、母親の欠如（＝欲望の対象）そのものを表わす言葉**なのです（ファルスの欠如についてより詳しく理解するためには、140頁「アンコール3」でお話しする**ペニス羨望**についての議論をご参看ください）。

しかし、これが幼児にとっては耐えがたい発見です。なぜなら、幼児は**母親に完璧な存在であってほしい**

と願うからです。お母さんには望月《もちづき》のように何も欠けるところがなく、自分のすべてを包み込んでくれるものであってほしいと幼児は願います。

だからこそ幼児は、**自分自身の手によってファルスの欠如を埋めようと思います**。そのために彼はファルスに同一化しようとするのです。自分がファルスになることによって母親の欠如は満たされ、そして、母親は自分の傍にいてくれると幼児は空想します。

「お母さんが何かを欲しているのは、自分に足りないものがあるからだ。その〈足りないもの〉が他のところにあると、お母さんはどこかへ行ってしまう。でも僕がその〈足りないもの〉になってあげれば、お母さんは完璧になるし、僕の傍にいてくれる」というわけです。**幼児がまず望むこと、それは〈他者〉の欠如を埋めることなのです。**

◉自我は「母のための自我」である——「鏡像段階」再考②

幼児は「これ飲んでね」「ここでおしっこしちゃダメ！」というような母親からのさまざまな要請に応えます。

先述の通り、要請は、母親が子供の泣き声を言語的に解釈し、それを子供に返してやることによって初めて成立します（111頁）。幼児は何も分からず泣いているだけですから、子供にとって要請は、むしろ母親という〈他者〉の側から来るものとして受け止められるでしょう。

母親がこうした要請を投げかけるのは、もちろん子供を育てるためですが、子供はどういうわけか「お母さんは自分の欠如を埋めるために（＝欲望を満たすために）僕にいろいろと要請をしてくるのだ」と考えます。

子供にとって最大の目標は母親に愛されることなので、母親が何かを要請してくると、「それを満たせばお母さんは満足して僕を愛してくれる」と思い、飛びつきます。だから幼児にとって、**母の要請に応えることは、母の欲望を満たし、ファルスの欠如を埋めようとすることと同じ**なのです。

そしてここで重要なのが、このように母親の要請に応えることによって、鏡像段階が到来するということです。

先述の通り、鏡像段階とは、〈他者〉が鏡像（小文字の他者）を指し「これがあなたよ」と言うことで自我を誕生させる過程でした（89頁）。ここでも〈他者〉が要請の対象として提示するものは、鏡像と同じ効果を持っています。

つまり母親の要請に応えていくことで、子供は次第に自我を確立していくわけですが、ここで作られる自我は、〈他者〉の欲望を満たすことによって生まれる自我――「お母さんが望んでいるものによって出来上がった理想的な僕」――なのです。

〈他者〉の欲望の対象とは、まさにファルスに他なりません。母親は要請という形で自分の欲望の対象を明らかにします（子供はそう思っています）。それらの要請の対象が、子供が自我を確立するための依《よ》り代《しろ》になります。つまり、鏡像になるのです。

鏡像段階はただ機械的に進行する過程ではありません。そこには要請や欲望の問題が密接に絡んでいます。鏡像が母親の欲望の対象となる理想的なものであるからこそ、子供はそれに同一化しようとするのです。なぜなら彼はつねに母親という〈他者〉の欠如がなくなってほしいと思っているからです。

◉「お母さんにはファルスがないが、それはお父さんが奪ったからだ」

ここまでがおおよそエディプス第一の時に相当します。

そこでも、子供は母親になにか欠如があることに気づいていたわけですが、しかしそれはまだきちんと意識化、対象化されていませんでした。

つまり子供にとってファルスの欠如は欠如としてではなく、ただの不満《フラストレーション》（116頁）としてしか受け止められていなかったのです。ここまでの議論は多分に後付けの理屈であり、幼児が実際にこのようなことを思って行動したわけではありません。あくまで自分の不満《フラストレーション》を無くすために〈完璧な母親〉を作り上げようとしていたに過ぎず、お母さんにファルスがないのは「何やらおかしい事態」でしかありません。

しかしエディプス第二の時において、母親にファルスが欠如しているということが明確化されてしまいます。

おそらく、幼児が母親とお風呂に入ったり、着替えを見たりした時、彼女が現実的に（＝物理的に）ペニスを持っていないことを発見してしまうのでしょう。先述の通り、女性器を見ることはペニスの欠如の発見の瞬間です（127頁）。子供がこうした**現実的穴**に触れてしまったとき、「母親には何か欠けたものがある」ということが否定できない事実として刻まれてしまうのです。

しかしそのことで幼児の態度が何か進展を見せるかと言うと、実はそうではありません。幼児は変わらず、ファルスへ同一化し続けます。なぜなら、「お母さんのファルスがない」ことの発見によって彼は、「**誰かがお母さんのファルスを奪った**」と考えてしまうからです。

では誰が母親のファルスを奪ったのかと言うと、父親です。先述の通り、父親はまず剥奪者として見いだされるわけです。そして何を剥奪しているのかと言うと、母親のファルスに他なりません。

幼児は想像的父が母親のファルスを奪ったと考えることで、**「お母さんには元々はファルスがあった」ということ自体は疑いません**。つまり「ファルスは、今は一時的に欠けているだけで、取り返せる」と考えてしまうのです。

そして彼はそのためにファルスを奪った（と思い込んでいる）父親を倒そうとしてしまいます。ここから父親との間に想像的なライバル関係を築き上げてしまうわけです。父親を悪者に仕立て上げ、「あいつのせいで上手くいかないのだ」と敵意をむき出しにしてしまうのです。

ここで父親はまだ〈法〉を教えてくれるような理想的存在ではなく、ただのライバルであり、嫉妬の対象にしかなりません。自分の大切なものを奪う悪人でしかないのです。

◉都合のいい悪人は存在しない

ここで問題なのは、**ほとんどの人が大人になってもエディプス第二の時に留まったまま、想像的父への敵意を抱き続けている**ということです。

私たちは往々にして「あいつさえいなかったら全部上手くいったのに」とか「○○みたいな奴のせいで世界がおかしくなっている」と思ってしまうものです。そしてそうした「魔王」のような存在を倒せば、世界に平和と繁栄が訪れるのだと考えてしまいます（だからこそ勧善懲悪の物語の人気が衰えないのでしょう）。

しかしこれらはすべて空想に過ぎません。**母親にファルスがないというのは、人間世界の摂理のようなものなのですから。**ファルスの欠如は人間世界（＝象徴界）の構造の本性なのです。

母親という〈他者〉がファルスを欠いているということは、つまり**〈他者〉の世界には必ず何らかの欠如があるということです。**もっと言えば、世界はつねに完璧ではないのです。努力が報われるとは限らず、下らない人間が評価され、あの人は肝心な時に電話に出ないでしょう。

それは構造上仕方のない事実です。しかし私たちはそれを受け止めるのがつらいので、「どこかに悪者がいるから、世界の完全性が損なわれているのだ」と考えてしまいます。あらゆる陰謀論というのはここから出来するわけです。

どこかに悪人がいるのであれば、世界はもっとシンプルだったでしょう――その悪人を成敗しさえすれば、すべてうまくいくのですから。

しかしおそらく、どこかに悪人がいるという考え自体が甘えであり、八つ当たりなのでしょう。**そんな都合のいい悪人がいるわけありません。**「可愛くて、料理もできて、優しくて、つねに自分を立ててくれる」女性や、「イケメンだし、仕事ができるし、家事も手伝ってくれて、私の自由を守ってくれる」男性などいるわけがないのと同じように、「この世のすべての悪事の原因となる悪人」もいるわけありません。どちらにせよ都合がよすぎる存在です。

これは私見ですが、何かがうまくいかない時は、大抵誰か一人が悪いのではなく、皆が少しずつ悪いものです。にもかかわらず誰かを悪人に仕立て上げ、自分は無罪だと気取るのは、生贄《スケープゴート》の論理に他なりません。

想像的父とはある意味、世界の「満たされなさ」の責を負わされた生贄《スケープゴート》だと言えます。その生贄《スケープゴート》に縋《すが》りつづけている以上、転機は訪れないでしょう。

◉去勢――ファルスの欠如を受け入れること

エディプス第三の時においてはようやく、「お父さんがお母さんのファルスを奪ったわけではない。それは初めからなかったのだ」ということを受け入れられるようになります。

そしてラカンはこのことを「去勢」と言っています。つまり**去勢とは、〈他者〉におけるファルスの欠如を受け入れることそのもの**なのです。

去勢においては「完璧な母親」という大事な幻想《ファンタスム》を手放さなければなりません。したがってそれには特有の辛さがあります。しかしそのことによって、「誰かを悪人に仕立て上げ、それを憎み続ける」というような不毛な状態を脱することができます。ラカンにとって、去勢とは本質的にポジティブなものなのです。

しかし先述の通り、私たちの大多数はこの第三の時を完全に通過できていません。大抵はいつまでもエディプス第二の時に片足を置いたまま、グズグズ文句を言い続けながら生きているものです。だからこそ精神分析の場で改めてエディプス・コンプレクスに向き合い、**去勢をやり直す**必要があるわけです。

◉存在《ある》から所有《もつ》へ

それでも普通の人（＝神経症者）であれば、不完全ながらも第三段階への移行自体は遂げています。それは特に「**ファルスを〈持つ〉ことの欲望**」について言えます。

エディプス第一から第二の時において、子供はファルスに同一化して母の欠如を埋めようとします。これは「**ファルスで〈ある〉ことの欲望**」だと言えます。

しかし、第三段階においては、それが無理なことだと分かります。なぜなら**母親が欲望しているのは自分ではなく、父親であると**分かるからです。自分に母親を満足させることはできず、それができるのはただ父だけだということを、幼児は実感するのです。

そしてなぜ母親が父親を欲望しているのかというと、父親が「ファルスを〈持つ〉者」であるからです。これに対して子供は「ファルスで〈ある〉者」でしかありません。

子供が「〈ファルスで〈ある〉者〉であっても母親の欲望の対象になることができない」と知ると、子供はファルスへの同一化をやめて、**「ファルスを〈持つ〉者」としての父親へ同一化しようとします。**[*4]

これは実際大きな変化です。なぜなら、①そのことで子供は父親を敵ではなく、理想的な存在と捉えるようになり、彼が持っている〈法〉を受け入れるようになるからです。

ここまではなぜ子供が〈法〉を受け入れるのか、つまりエディプス第二の時から第三の時に移行するのか曖昧でしたが、ここでそれも明らかになったと思います。**幼児は、父親のようにファルスを持ちたいという理想を抱くからこそ、父に同一化し、〈法〉を受け入れる**のです。

またもう一つ重要なのは、②ファルスを〈持とう〉とすると、**欲望が母親そのものから解放され、より広い対象に向かっていく**ということです。

ファルスで〈あろう〉としていた時、幼児は母親に欲望されようと必死になっていますが、それは直接的な近親相姦につながる恐れがあります。自分が母親のファルスになることは、母親と合体――この言葉の性的含意を思い起こしていただきたいのですが――することと同義ですから。

一方ファルスを〈持とう〉とする時は、その欲望の対象が母親とは別の場所に見いだされます。つまりファルスで〈ある〉欲望が「僕がお母さんの恋人になって、欠如を埋めてあげよう」という直球なものだっ

＊4　正確には「ファルスで〈ある〉」という時のファルスと「ファルスを〈持つ〉」という時のファルスは同一のものではありません。子供がそれで〈あろう〉としているファルスは鏡像と同じ効果を持ち、**想像的ファルス**であると言えます。これに対して子供が〈持とう〉としているファルスは**象徴的ファルス**と呼ばれるものです。なぜ「象徴的」という名がついているかと言うと、それは**想像的ファルスの欠如を含んだファルス**だからです。117頁の註で述べた通り、不在であることができるのは象徴的なものだけです。象徴的ファルスは「それを持っていない（自分の中に不在である）」ことができるものであり、だからこそ「それを持とう」という欲望を引き起こすことができるのです。現実的な穴に触れて母親のファルスの不在が明確化する時（133頁）、子供の中に象徴的ファルスが導入されます。つまりそれは「〈ファルスがない〉ということがあり得るのだ」と知る時です。想像的ファルスは不在であることができず、それが現前していない時もただ「不満《フラストレーテッド》だなあ」としか思えないものです。欠如が受け入れられるのは、象徴的ファルスがあってこそです。

たのに対し、ファルスを〈持つ〉欲望が生まれると、たとえば「お母さんに喜んでもらうためにサッカーを頑張ろう」とか、「絵のコンクールで一位を取ろう」などという意志に変わるのです。

そうして社会的な力を持ったり、認められたりすることによって、子供はファルスを持とうとするわけです。先述の通り、ファルスとは社会的な力、男性的な力の象徴でもありますから、こうした文化的なものもまたファルスとして働くことができます。

もちろん、ここで幼児は「自分が（お父さんのように）ファルスを持って、そのファルスをお母さんにあげよう」と望んでいるわけですから、近親相姦的な欲望自体がなくなったわけではありません。しかしそれでも、**母にファルスを与えるプロセスが迂回され、より間接的なものになることで、子供は「文化的」になるのです。**これはいわゆる**昇華**（性的エネルギーを非性的な対象に向け直すこと）の過程だと言えるでしょう。

去勢とは子供が性的な標準化《ノーマライゼーション》を行う過程だと述べました（128頁）。そしてそれが意味するのは近親相姦の禁止でした。ここでも「母のファルスになる」という直接的な近親相姦が禁止されることにより、子供は標準的なセクシュアリティを手に入れ、より「文化的」な人間になることができるのです（なお、まだ近親相姦の禁止後のセクシュアリティについては語っていませんが、これは140頁「アンコール3」で議論しています）。

◉想像的父・象徴的父・現実的父

エディプス第三の時に去勢を行う父親は**現実的父**と呼ばれます。去勢とは〈他者〉の欠如や不可能性を受け入れることですが、それは象徴界の欠如であり、つまりは現実界だと言えます。現実界に向き合わせる父なのですから、ここでの父は現実的父です（現実界を「象徴界の欠如」と考えるのはより後の年代のラカンの発想ですが、ここでの議論はそう考えないと筋が通りません）。

ここまでさまざまな「父」の概念が出てきたので、ここで整理しておきましょう。「象徴的父」とは〈父の名〉と同義であり、つまり〈法〉を司る存在です。これに対して「想像的父」は本来の父の姿ではなく、あくまで子供が父を剥奪者として誤解しているからこそ生まれるイメージに過ぎません。

子供が象徴的父を受け入れるためには、「現実的父」による去勢を経なければなりません。エディプス第一の時というのが鏡像段階で、第三の時が象徴界の〈法〉を受け入れる時ですから、**エディプス・コンプレクスとは、主体が想像的罠から脱し、象徴界での生を安定させるプロセス**だということになります。つまり本章の議論は、前章の図式をより精緻化したものだと言えましょう。ただしここでは、「主体が象徴界で生きるためには、現実的父が行う去勢によって〈他者〉の欠如を受け入れなければならない」と論じられており、より議論に進展が見られます。

◉まとめ──エディプス・コンプレクスの二本柱

本章ではエディプス・コンプレクスを主に二つの面から紹介しました。一つは〈父の名〉に関するもので、もう一つはファルスに関するものです。**〈父の名〉とファルスはエディプス・コンプレクスの二本柱を構成するわけです**。もちろんこの二つは全く別個のものというわけではなく、両方込みで考えなければなりませんが、微妙に問題意識が異なっています。

〈父の名〉について問題となるのは、子供が母の法への従属から脱し、〈法〉を会得することです。他方ファルスについて問題となるのは、ファルスへの同一化から脱し（＝近親相姦を諦め）、ファルスを持とうとすることです。

〈父の名〉もファルスも、象徴界の中心となるような特別なシニフィアンとされていますが、**〈父の名〉は〈法〉を統御するシニフィアンであり、ファルスは欲望やセクシュアリティを標準化《ノーマライズ》するシニフィアンです。**この並列した二つのプロセスを通じて、エディプス・コンプレクスは進行するのです。

本章の議論はおそらくラカン理論の中の鬼門で、もっとも理解するのに骨が折れる部分でしょう。それだけ父や母に関する問題は繊細《デリケート》なのです。

フロイトはエディプス・コンプレクスを精神分析の中核に位置する問題だと考え、最期までこの議論にこだわり続けました。ラカン的精神分析においても、分析主体が父や母について考えることは、欠かすことのできない重要な契機です。

しかしラカンは、エディプス・コンプレクスについての探求だけでは飽き足りませんでした。疲れることを知らない彼の歩みは、エディプス・コンプレクスが捕り逃すような現実界の問題へと向かっていきます。

読者諸賢もお疲れでしょうが、もう少しの努力です。次章ではいよいよ現実界についての議論に踏み込んでいきましょう。

アンコール3
女性のエディプス・コンプレクスについて

ここでお話しする問題は非常に重要なものであり、本来コラムなどに追いやってはならないのですが、構成を鑑みた結果、ここに記すことにしました。

この問題とは、すなわち**女性のエディプス・コンプレクス**です。

第五章で語ったエディプス・コンプレクスの理論は、すべて男児のものです。「子供は初め、母の法に従属した主体としてファルスに同一化しようとする。しかしそこに剥奪者として父が介入すると、彼に敵視を向ける。しかし母を満足させられるのは〈ファルスを〈持つ〉者〉としての父であることを受け入れること（去勢）によって、理想的な存在としての父に同一化し、〈法〉を受け入れるようになる」という一連のロジックが通用するのは、男の子だけです。したがって、あくまで女児には女児のエディプス・コンプレクスがあるはずです。それは何でしょうか。

なぜ女児には男児のエディプス理論が通用しないかと言うと、**女性はもともとファルスを持つことができないような存在**だからです。

男児が「自分が持っているペニスを持っていない主体（女性）がいる」ことを発見するのと同じ時期、女児もまた「男の子が持っているペニスを自分は持っていない」ことを発見すると言われています。そしてこの発見によって、女児は「どうして私は、男の子のようにペニス（ないしファルス）を持っていないんだろう。男の子はずるい、羨ましい。自分もそれが欲しい」と考えるようになります。

これが**ファルス羨望**です。当然、ここで言われているペニスないしファルスは、単なる生物学的な器官を指すものではありません。ありていに言えば、女児は、男児が持っている（と彼女が思っている）ような「男性的なもの《ファルス》」を欲しがるのです。

しかし、女児がそれまで愛着を覚えていた母親は、決してファルスを与えてくれません。そのため女児は失望し、母親を軽蔑するようになります。その代り、父親に愛着を抱くようになり、彼からファルスを貰いたいと欲望するようになるのです。

☆仮装としての女性性

しかしながら、女性は結局のところ、自分ではファルスを〈持つ〉ことができません。ゆえに彼女は、ファルスを〈持つ〉ような男性を欲望します。より正確に言えば、**ファルスを〈持つ〉男性から欲望されることを欲望する**のです。そしてそのため、女性はファルスで〈ある〉ことを選択します。

どういうことでしょうか。一旦、男性の方に視点を移してみましょう。去勢を経た男性は、もはや自分自身がファルスで〈ある〉ことはできません。そのため彼は他の場所にファルスを探し、それを〈持つ〉ことを欲望するようになります。

つまり**ファルスは欲望のシニフィアンそのもの**なのです。あらゆる欲望が目指す究極の対象とは、ファルスに他なりません（ただし次章で検討する六〇年代においてはこの議論が更新され、欲望が目指すのは〈もの〉であると主張されるようになります。164頁以下参照）。

ゆえに女性は、自らがファルスに同一化することによって、「私こそがあなたの大事な欲望の対象である」と言わんとします。女性はファルス〈になる〉ことによって男性に欲望され、彼のファルスを自分のものにしようと欲望するのです。

しかしながら、ここで直接「私こそファルスである」と示しても効果がありません。なぜならファルスとはあらゆる欲望の究極的な対象として、何か神秘的なものでなければならないからです。つまりそれは、文字通り「秘められた」ものである必要があるのです。

そこで、女性は**仮装《マスカレード》としての女性性**を身に纏います。家事ができるとか、丁寧であるとか、「三歩下がって男の後ろを歩く」といったいわゆる「女性らしさ」はすべて仮装《みせかけ》であり、言ってみれば男性の気を惹くための見せかけでしかありません。

つまり女性性とは「この人はこの女性らしさの裏に、何か僕が探し求めていたもの（＝ファルス！）を持っているのではないか」と男性に思わせるための疑似餌《ルアー》なのです。こうした見せかけの裏には、ファルスに同一化した女性の姿があります。

☆ファルスとしての子供

また、女性が子供を持ちたいと願うのは、男性からファルスを受け取りたいという欲望があるからです。すなわち**女性にとって、子供とはファルスの代理物であり、自分自身のファルスの欠如の埋め合わせなのです。**

ここから「子供は母親の欠如を補うためにファルスに同一化する」（130頁）という議論が成り立つわけです。もちろん子供が母親のファルス羨望を直接知っているわけではありません。しかし、ファルスとは、女性における欠如の象徴でもあります。つまり「母親には何か欠けたところがある」ということを専門的な言葉で表現すると、「母親がファルスを持っていない」という言い方になるわけです。だから子供が母親の欠如を埋めようとすると、それは母親のファルスの欠如の補填だということになるのです。

ちなみに男性にとっても子供はファルスとして受け止められ、またそれは母親に対する贈り物となります。つまり男児は去勢によって、「自分は母親の欠如を埋めるファルスを持っていない」ことを実感します。そのため自分が父親になる（＝「ファルスを〈持つ〉理想的存在としての父」に同一化する）ことによって、子供を持ち、それをファルスとして母親に捧げようとするのです。これがいわゆる「親孝行」の正体です。

☆「非ファルス的」なものとしての女性へ向かって

随分と男性本位で女性差別的な議論だとお思いになるかもしれません。なにせ、「女性は男性を羨み、男性から欲望されようとしている」と言っているのですから。そこでは女性は男性に対して**受動的**な立場に置かれており、あくまで**男性の欲望の対象としての女性性**しか語られていません。あたかも「女性は男性に従属する」とか「女性は男性に欲望されるべき存在である」などと言っているかのようです。

またこの議論は「女性はみな結婚し、子供を持ちたいと思う」ということを前提にしており、旧時代的な家族制度の下でしか成り立たない理屈だとも思われるでしょう。「結婚することを望まないのは正しい女性の在り方ではない」などという主張も導けてしまいそうです。

確かにフロイト（および前期ラカン）には男性優位の嫌いがあり、またその議論が拠って立つ思想も古臭いものかもしれません。

しかしあくまでこれを現状分析として捉えれば、それが指していることは決して間違ってはいないはずです。確かに女性の社会進出が進んでいるとはいえ、やはり私たちの社会はまだ男性が優位になる場面が多くあります。それが良いとは決して言いませんが、しかし現状においてそうであることは確かでしょう。

そこでは必然的に、女性が男性の欲望の対象であることが美徳とされます。最近の流行語に「女子力」というものがありますが、これはまさしく「仮装としての女性性を身に纏うことができる能力」に他なりません。

なぜそうした構造が存在しているのか、そうした問題を考えるためには、ファルス羨望の理論もまた、資するところがあるのではないでしょうか。

しかし、これが精神分析における女性論のすべてなら、あまりに貧しすぎます。

結局、「ファルス」という男性的なものだけで男女を語ろうとしたことがすべての間違いだったのです。この出発点に立っている限り、**女性を語ろうとしても、男性的な構造を通さなければなりません。**真に女性について考えるためには、ファルスから離れたところで思考しなければならないでしょう。

しかしそれは、本書の議論の先にある七〇年代のラカンにおいてようやく可能になったことでした。

第六章

不可能なものに賭ければよいと思ったら大間違いである
――現実界について

本章のテーマは〈不可能なもの〉です。

私たちは多かれ少なかれ〈不可能なもの〉を抱えています。「自分には何でもできる、何もかも手に入れられる」というような人は、まずいないはずです。

確かに、出世したりお金を稼いだりすれば、できることが増えていくように思えます。しかし、何かを手に入れれば手に入れるほど、本当に欲しいものが遠ざかっていく――そう感じている人も多いことでしょう。〈不可能なもの〉は、私たちの心を強く惹きつけます。入手不可能と言われた稀覯本《きこうぼん》ほど欲しくなるものですし、恋の炎は不可能であるほど燃え上がります。

これは、考えようによってはとても辛い事実です。なぜなら、自分が心から欲しいものに限って、決して手に入りはしないのですから。仮に努力や幸運によってそれが手に入ったとしても、今度はまた別の〈不可能なもの〉が欲しくなってしまうことでしょう。これはつねに〈他のもの〉を求める欲望の必然です（113頁）。

本章の議論は、そうした〈不可能なもの〉の泥沼から抜け出すための助けになってくれるかもしれません。

◉象徴界を越えて——純粋な不可能性としての現実界

さて、私たちの旅もいよいよ終わりに近づいてきました。

しかしここまで紹介してきた議論は、五〇年代のラカンの理論に過ぎません。ラカンの仕事が本格的に始まったのは五〇年代の前半に彼のセミネール（セミナー）が始まった時だと言えますが、一九八一年に亡くなるまで、ラカンの歩みは止まることがありませんでした。したがって、ここまでの議論は、単純計算で**ラカン理論のわずか三分の一**に過ぎないわけです。

重要なのに紹介できなかった議論は山のようにあります。しかし、あまり解説しすぎても読者諸賢にいたずらな混乱を招くだけですし、紙数にも限りがあります。そろそろ最終的な結論に向けた準備を始めなければならないでしょう。

しかしその前に一つだけ、語らずには済ませられないことがあります。それは**現実界**の問題です。

ここまで解説した五〇年代のラカン理論においては、現実界の問題が脇に置かれていました。それは、**ラカンの関心があくまで象徴界に向いていた**からでしょう。当時の精神分析界では、想像的な自我にばかり関心が向けられ、無意識の象徴的構造について語る人は皆無に近い状況でした。だからこそラカンは、「精神分析を考える際には象徴的なものの問題を避けて通れない」と強く主張する必要があったのです。

確かに五〇年代のラカンはあまりに象徴界を重視しすぎており、情動や快楽（享楽）などといった、象徴的なものとしては語れない問題をなおざりにしていたところがあります。実際にそのような批判もありますし、ラカンも一部でそれを認めるような発言をしています。つまり五〇年代のラカンは、**象徴的なものの視点では扱えない問題**を扱うための適切な理論を持っていなかったと言えます。

しかし、これらの問題は、象徴界に負けず劣らず重要なものであり、決して避けては通れません。ラカンが次に向かうべき場所は、シニフィアンなどの理論がもはや通用しないような、象徴界の埒外だったと言えるでしょう。

一九六〇年代に入ると、それらの問題を考えるために、ラカンは現実界の探求に取り組むようになります。六〇年代のラカンのメーンテーマは、**現実界をいかに扱うか**という問題だったと言っても過言ではありません。

そのことと関連して、六〇年代に入ると現実界の定義に変化が見られます（これは75頁でも触れました）。それまでの現実界は「純粋な物理世界」のような意味で使われていました（74頁）。しかし六〇年代において、現実界は「**象徴界が扱うことのできない不可能な領域**」として再定義されます。もちろん、それまでにこういった意味合いが皆無だったわけではありませんが、現実界の不可能性がより強調されることとなったのです。

現実界が象徴界で扱えない以上、想像界で扱うこともできません。何度も繰り返すように、想像界は徹頭徹尾、象徴界によって統御されているのですから。

かくして現実界とは、イメージ（想像界）でも言語（象徴界）でも扱えない**純粋に不可能な領域**であるということになります。現実界はもはや「物理世界」のような実体を持ったものではなくなり、**象徴界の穴そのもの**として捉えられるようになったのです。

◉象徴的無意識と現実的無意識

なぜここまで現実界の不可能性を強調しなければならないのでしょうか。それは、精神分析の構造自体に関わっています。

精神分析はあくまで言語に立脚して行われる臨床実践です。なぜそんな臨床が可能なのかというと、無意識がシニフィアンから成り立っており、言語的な構造を持っているからです（92頁）。

こういった無意識は**象徴的無意識**と呼ばれます。ここまで解説してきたような無意識はみな象徴的無意識だと言えます。無意識の形成物がシニフィアンによって構造化されているといった議論（97頁）は、まさに象徴的無意識の代表です。

しかし六〇年代に入ると、言語の視点だけでは無意識のすべてを捉えられないと考えられるようになります。つまり**無意識は言語だけではなく、享楽などの非言語的な領域とも関わっている**のです。無意識のこういった部分は言語的（象徴的）ではなく、かといってイメージ的（想像的）にも捉えられないので、**現実的無意識**と呼ばれます。

かくして、精神分析では象徴的無意識のみならず現実的無意識も扱わなければならないということになります。

しかし、それは相当に困難な道です。なぜなら**現実的無意識が言語的構造を持っていないとすれば、精神分析において扱うことはもはや不可能になってしまう**からです。精神分析の臨床が言語に立脚している以上、現実界には手も足も出ません。

しかし、だからといって現実界を無視して構わないということにはなりません。そこで、精神分析は次のように考えます。

確かに現実界は言語とは別物です。しかし、私たちはあくまで言語を介してそれに接しています。だから**現実界そのものにアプローチすることが不可能だとしても、現実界に対する私たちの態度は、言語を介して変えることができるのです。**その限りでは、精神分析においても現実界を扱うことができるということにな

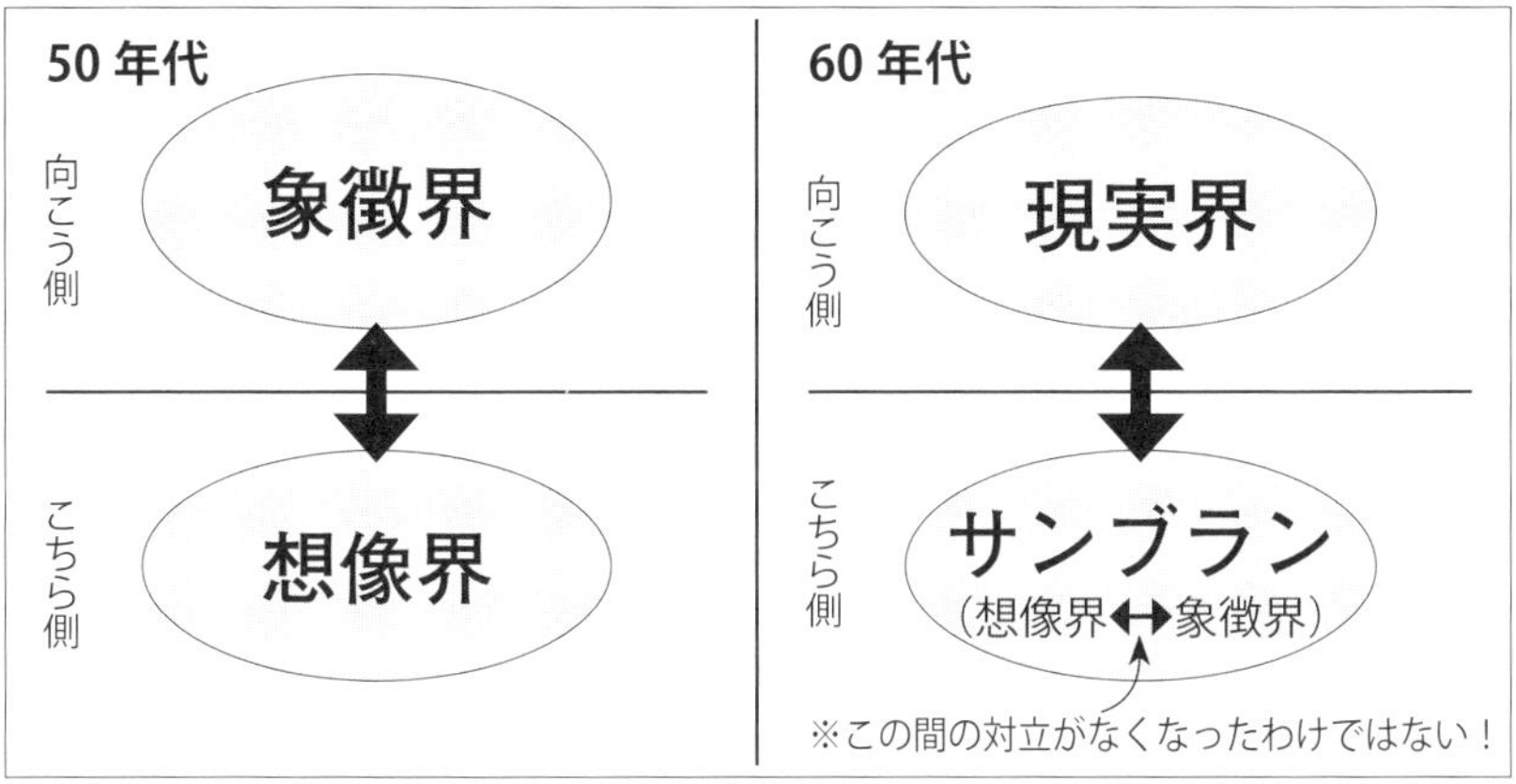

図11

ります。

ラカンはある場所で、「精神分析の実践とは、人間が象徴界によって現実界を取り扱うことを可能にすることである」と述べています。精神分析が象徴的なものしか相手にできないことに変わりはありません。だから重要なのは、象徴界を介して、現実界に接するあり方を変えていくことなのです。

◉対立軸の移行

少し形式的すぎるかもしれませんが、ここまで解説したラカン理論の変容を**図11**に示しておきたいと思います。

五〇年代のラカン理論の中心にあったのは、**想像界と象徴界の対立**です。想像界とは鏡像段階に代表されるような双数《デュエル》=決闘の領域で、愛憎入り乱れる不穏な世界です。想像界の罠から脱するためには、想像界を統御する象徴界の働きを見て取らなければなりません。そしてそのためには、精神分析の場で無意識の〈法〉を明らかにすることが不可欠だったわけです。

ここでは私たちが日常を過ごしている〈こちら側〉が想像界で、精神分析において扱われる〈向こう側〉が象徴界であるとされています。なお、現実界は問題になっていません。

しかし六〇年代に入ると、想像界と象徴界の対立は背景に退きます。そもそも想像界が象徴界に統御されている以上、その対立は上辺《うわべ》だけのものです。実のところ、両者は一つのシステムであると言ってもそう間違いではありません。したがって想像界と象徴界は「**見せかけ**《サンブラン》」の名のもと一つにまとめられます（この名前の由来は後述します）。そしてそれと対立するものとして、現実界が位置づけられるようになります。

したがって、ここでは日常的な経験が成り立つ〈こちら側〉は見せかけ《サンブラン》で、普段はアクセス不可能な〈向こう側〉が現実界だと言えます。**六〇年代において中心となるのは、見せかけ《サンブラン》と現実界の対立**なのです。

……以上を導入として、ここからは、見せかけ《サンブラン》と対立するような意味での現実界について語っていきたいと思います。ただし、繰り返しますが、紙幅が限られているので、あくまで外郭を説明するに留めます。

◉欲動と欲望の違い

ここでまた新しい用語に加わってもらいたいと思います。それは「**欲動**」です。これは前章で議論した「欲望」と似ていますが、欲望の原語は《désir》で、欲動の原語は《pulsion》なので、全く別の語です。

両者はどう異なるのでしょうか。先述の通り、欲望とは欲求と要請の間のギャップから生じるものです（113頁）。このギャップは（物理世界としての）現実界と象徴界の間のギャップとも言えますから、欲望は人間が言語の世界に入るからこそ生まれるということになるでしょう。したがって**欲望はシニフィアン的に構造化されており、象徴界の〈法〉に従っています。**

これに対して**欲動とは、むしろ言語の〈法〉をはみ出すような過剰なものです。**よってそれは象徴界のものというより、現実界のものだと言えます。

もっと詳しく見ていきましょう。「欲動」はフロイト由来の概念で、基本的には「**人間をその満足へ向**

かって駆り立てるような根源的な力」というような意味です。人間の一番の目標は欲動の満足であって、それに向けて突き進んでいくことが根本的な行動原理となります（ただし、この行動原理は大部分無意識のものなので、私たちはそのことに気づいていません）。

人間がシニフィアンの主体である以上、人間性の根幹には言語が存在しています。しかし欲動は言語よりも根源的であり、人がシニフィアンの主体になる前から作動しています。言語の〈法〉は欲動の動きを抑制しようとしますが、欲動はその〈法〉を振り切ってでも動こうとします。なぜなら、人間の最終目的はあくまで欲動の満足を得ることなのですから。

ここまで定義せずに使っていた「**享楽**」という語は、実はこの**欲動の満足**を指します（ただし、これはフロイトではなくラカン独自の用語です）。人間の根源的な目標が欲動の満足で、欲動の満足が享楽だとすれば、「**人間の最終目的とは享楽を得ることである**」と言えるでしょう。この目的は、言語の〈法〉の目的を越えているわけです。

◉致死的な享楽

欲動はフロイト理論の中で中心的な位置を占めており、実にさまざまな意味合いを持っています。しかしラカンは、特に**死の欲動**を欲動の代表にしているようです。

欲動について細かく解説していると、それだけで一章分の内容になってしまいますので、ここでは、死の欲動について簡単に見ていくだけに留めましょう。

死の欲動とは、フロイトが『快原理の彼岸』という本の中で主張した概念ですが、単純に言えば、「欲動はつねに〈かつての状態〉を取り戻そうとする。生命体にとって〈かつての状態〉とは生命以前の状態、すなわち死である。**ゆえに欲動の目標は死ぬことである**」というような主張です。

これはかなり面食らう理論でしょう。なにせ、人間を含む生命体は、みな死に向かって突き進んでいくということなのですから。

しかし実際、人間に死の欲動があると想定しなければ説明できないような現象は多々あります。つまり、**人間は死に至る危険のある行為を、喜んですることがある**のです。

例えば、スペインやラテンアメリカの国々には「牛追い《エンシエロ》」と呼ばれる伝統行事があります。これは文字通りあばれ牛を追いかけながら走るというものですが、大変危険なイベントです。牛に跳ね飛ばされたり、あるいは群衆に揉みくちゃにされたりする確率は極めて高いと言えます。過去に牛追いによって負傷したり、命を落としたりした人の数は知れません。最も有名な牛追いは、スペインのサン・フェルミン祭で行われるものですが、ほぼ毎年死傷者が出てニュースになっています。

それでも、牛追い祭の伝統は八世紀にも亘《わた》って受け継がれているのです。彼らはなぜ、死のリスクを背負ってまで、牛を追おうとするのでしょうか。

いや、このような疑問は的を外しています。筆者の考えでは、**むしろ死のリスクがあるからこそ、牛追い祭はこれほどまでに魅力的なのです**。普段私たちがあまり意識せずにやり過ごしている「死」が、牛追い祭においては眼前に迫ってきます。そうして死に接することはこの上なく魅力的で、崇高でもあるのです。

こうした感情を説明するためには、やはり人間には死の欲動があると仮定しなければなりません。死への誘惑をもたらすような対象は、それだけに崇高になり、享楽を与えてくれます。それは「人間が根源的に欲しているものが死であり、それに近づかせるものはこの上ない〈気持ちよさ〉をもたらすからだ」と考えなくては説明がつかないように思えます。

◉享楽とは緊張を高めることの〈気持ちよさ〉である

享楽は単純な快とは異なっています。普通の快は、**快原理**とよばれる〈法〉に従います。快原理とは「**緊張の度合いを下げることによって快が得られる**（**反対に緊張が高まると不快になる**）。**ゆえに私たちは快を得るために緊張を高めないことを目指す**」という原則です。例えば、「体の痒いところを掻いて、痒みが治まると気持ちいい」というようなものです。どこかが痒い状態は、緊張の度合いが高まっています。言ってみれば、リラックスしてはいないわけです。しかし痒みが治まると緊張の度合いが低くなり、リラックスして快が得られるというわけです。私たちは普段、そうした快を得ようとする原則に従っています。

これに対して**享楽はむしろ、緊張の度合いを高めることによって得られる〈気持ちよさ〉**だと言えます。緊張が高まると普通は不快なわけですが、しかしそこにおいて得られるような、特殊な〈気持ちよさ〉があるのです。それは**快原理を越えた〈気持ちよさ〉**と言えます。

死と隣り合わせの牛追いをしている時、緊張の度合いは最大限に高まっているはずです。しかし、参加者たちはそれを不快だとして避けるようなことをせず、むしろ好んで行います。なぜなら、そこで得られる、ある種の〈気持ちよさ〉があるからです。そう、それこそが享楽というものに他なりません。

したがって**享楽は単純に気持ちの良いものではなく、むしろ快と不快が入り混じったような、両義的《アンビバレント》な〈気持ちよさ〉だと言えます。**そして同時に、享楽はとても危険なものでもあるわけです。なぜなら、享楽は快原理という〈法〉による安全装置を逸脱するようなものなのですから。

◉死の欲動から主体を防衛しなければならない

しかしながら、人間に死の欲動しかないのなら、生きていくこと自体が不可能になってしまいます。これについてフロイトは、死の欲動の他方で**生の欲動**というものも提唱しています。これは文字通り自分の生命を伸ばしていこうとする欲動です。例えばほぼすべての生命体が生殖行為を行おうとするのは、この生の欲動に突き動かされているからです。子孫を残すことで、間接的に自分の命を生き永らえさせようとしているのです。

人間においては生の欲動と死の欲動が対立しながら並存しています。だからこそ私たちは死や致死的な享楽をどこかで望みつつも、それを先延ばしにしながら、生き延びているというわけです。

ラカンにおいても「私たちは享楽を得ようとしつつも、その危険を避けるために普段は〈法〉に従う」とされています。つまり**象徴界の〈法〉は、現実界の享楽から主体を防衛しているという**わけです。[*1]〈法〉は快原理に従い、不快を避けることで、主体が享楽を得ようとすることを防止しています。

前掲の図式を持ち出せば、〈法〉によって防衛されている〈こちら側〉が象徴界であり、〈法〉を逸脱するような享楽の場所が〈向こう側〉としての現実界だと言えます。〈法〉は危険な享楽との間に障壁を作り出すのです。

しかし右で見たように、私たちは時にそうした障壁を自ら破り、享楽のある〈向こう側〉へ驀進《ばくしん》してしまうことがあります。享楽とは死の欲動の満足にも等しいものですから、それは、もしかしたら死んでしまうかもしれないような危険な賭けです。

もちろん〈法〉はそれを阻止しようとします。しかしそれでも、〈現実的〉無意識の力は、そんなこともお構いなしに、自らの目的（享楽）へ突き進んでしまうのです。

無意識はすべてに逆らってでも自分の目的を果たそうとします。象徴的無意識もまた自らの〈法〉を完遂するために手段を選ばなかったわけですが（104頁「アンコール2」参照）、現実的無意識もまた、享楽を得るためには手段を選ばないのです。

◉私たちはなぜ死の欲動に突き動かされるのか——〈もの〉の体験について

享楽は現実的なものであり、そして現実的なものは不可能なものです。このような不可能性が存在するのは、〈法〉の防壁のためだと言えます。障壁に隔離されることで、現実界は〈こちら側〉からアクセス不可能な場所になってしまうのです。

ここまでの議論はご理解いただけたでしょうか。

次に考えるべきは、「なぜ、私たちは障壁を破ってまで享楽を得ようとしてしまうのか」ということです。もちろんそれは死の欲動に動かされているからですが、それでは説明になりません。なぜなら、「なぜ私たちは死の欲動に動かされてしまうのか」について考えられていないからです。

フロイトにおいては、この疑問を解決するのは比較的容易です。なぜならフロイトは死の欲動を本能のようなものとして捉えているからです。つまりフロイトの考えにおいては、死の欲動は人間（ないし生命体一

*1 「抑圧」はシニフィアンといった象徴的なものに対して用いられる言葉なので、現実界については「防衛」という語を用います。

般）にもともと備わっている性質なのです。

しかしラカンはそうした本能論を退けます。その代わり、彼はある一つの〈体験〉を想定します。それは〈もの〉の体験です。享楽の起源は、〈もの〉の体験にあります。より詳しく言えば、**私たちはみな、生まれて間もなく〈もの〉の体験をします。その原初的体験を経たために、私たちは死の欲動に動かされ、享楽を追い求めるようになってしまうのです。**

どういうことでしょうか。

〈もの〉の体験とは、**原初的な満足体験**と言い換えられます。例えば授乳体験などがそれにあたります。母親から乳を与えられて空腹が満たされることは、人間が生まれて最初に経験する満足の瞬間と言えます。これが人間における一番初めの享楽です。

この体験は忘れられないものとして乳児の中に刻まれます。だから子供は記憶を辿って、それを反復しようとします。例えば、赤ちゃんはみな指しゃぶりをしますが、それは授乳による満足体験を反復しようとする行為だと考えられています。

この反復行為は幼時だけの問題ではありません。赤ちゃんの頃に身についた指しゃぶりの習慣を止めることは困難だと言われます。ようやくそれを止められたとしても、大人になってから、喫煙に勤しむようになる人も数多くいます。喫煙もまた、指しゃぶりと同じく、授乳の代用だと言えるでしょう。

ことほど左様に、〈もの〉の体験は強烈だと言えます。〈もの〉の体験を忘れられないからこそ、私たちは再び享楽を得ようと望み続けるようになってしまうのです。

◉〈もの〉の享楽は失われてしまう

しかしここで問題なのは、そうした**反復行為は原初的満足体験を百パーセント繰り返すことはできない**ということです。だからそこでは、つねに「何かが足りない」と感じられてしまいます。

こうした体験は読者諸賢にも覚えがあるのではないでしょうか。例えば子供の頃初めて食べたカニはとても美味しいものだったのに、今になってそれを食べても、「昔はもっと旨かったけどなあ」とか、「何かが足りない」と思われることはないでしょうか。それは、初めてカニを食べた時の満足はその時だけのもので、後に失われてしまったからです。だから今になってカニを食べてもどこか足りないのです。

もう一つ例を挙げてみましょう。あなたが好きなミュージシャンのライブに行ったとします。そこであなたは感動と興奮を得るでしょう。あなたはそれを忘れられず、また味わいたいと思います。しかし、ライブはもう終わってしまっています。そこであなたは、後日発売されるブルーレイなどの映像を買うでしょう。こうした映像は、当日の熱気や興奮を部分的に思い出させてくれます。しかし、あの時の感動が完全に戻ってくるわけではありません。やはり映像では生の感動は得られない、そうあなたは思うでしょう。

ここでは原初的満足体験にあたるものが生のライブ鑑賞であり、映像が反復にあたります。やはり映像は代用品であって、オリジナルを百パーセント再現するものではないのです。あの感動は一回きりのものであり、その後には失われてしまうわけです。

それと同様に、**〈もの〉の体験も一度きりのものであって、そこで得た享楽は以後失われてしまいます。**人は〈もの〉の体験で得た享楽を取り戻すために、〈もの〉の代用品を求め続けます。しかし享楽はすでに失われ、不可能なものと化していますから、反復行為はつねにどこか欠けたものにならざるを得ません。

◉母による享楽は子供を殺す

「ちょっと待った」と思われる方がいるかもしれません。「享楽とは死の欲動の満足であったはずだ、しかしまだ死については何も語られていないじゃないか」

なるほどそれはその通りです。この疑問を解決するためには、視野をより広げて、原初的な満足体験をもたらす存在と、それを受ける存在の関係を考えてみなければなりません。

それはつまるところ、母親と子供の関係です。先述の通り、原初的な満足体験は母親によってもたらされます。そして母親とは、子供が初めて出会う〈他者〉でした（89頁）。初めの〈他者〉との出会いにおいて、乳児は原初的な享楽を得ます。前述のとおり、子供はその体験が忘れられず、また味わいたいと思います。

だからこそ子供は、母親が傍にいて、享楽を与えてくれることを望むのです。母親が傍にいてくれるだけで、子供にとっての満足がもたらされます。反対に母親がどこかへ行ってしまうと、不満《フラストレーション》が訪れます。エディプス・コンプレクスの議論で確認した通り、これが母親と子供の原初的な関係です（116頁）。

しかし、これでは子供の主体性がなくなってしまいます。子供は、母親によって満足を与えられるだけの存在になり、モノに等しくなってしまうでしょう（ここでの「モノ」は〈もの〉とは別の意味で用いています）。子供は母親の世界の外に出られなくなり、母親とほぼ一体化してしまいます。いわば享楽の海に沈んで、存在が消えてしまうのです。それは事実上、子供の死を意味します。

ここから、死の欲動の満足としての享楽の姿が浮き彫りになるでしょう。母親は子供に享楽を与え続けることで、子供の存在を飲み込んでしまうような、恐ろしい存在と言えます。母親の恐ろしさについては89頁や117頁で検討しましたが、享楽の観点からも、同様の恐ろしさを語ることができます。

◉父は享楽を禁止する

原初的満足を得ている時、子供はまだ人間ではありません。なぜなら人間が人間であるために必要なシニフィアンと、それを働かせる〈法〉を持っていないからです。なるほど、母という〈他者〉に出会った時点でシニフィアンとも出会っているはずですが、それはまだ〈法〉を欠いており、シニフィアンとして構造化されていません（117頁）。

前章で議論した通り、〈法〉がもたらされるためには、象徴的父（〈父の名〉）の存在が不可欠です（118頁）。そしてそれを巡ってエディプス・コンプレクスの経験が起こるのでした。

本章の議論にとって重要なのは、エディプスの過程を経て〈法〉がもたらされた時、〈法〉を逸脱するような享楽がもはや失われてしまうということです。言い換えると、**エディプス・コンプレクスは、子供を享楽から遠ざける役割を果たしているのです。**

これはつまり、「父親は享楽をもたらす〈もの〉を象徴界から**排除する**」ということです。子供が（象徴的）父の司る〈法〉を受け入れ、また（現実的）父が去勢によって子供に享楽の諦めを命じることで、〈もの〉は子供の生きる象徴界から締め出されてしまいます。

そして象徴界から排除された〈もの〉は、現実界に居場所を見出します。享楽は現実的な〈もの〉の側に追いやられ、象徴界と現実界の間には障壁が設けられます。そのことによって、享楽はとうとう不可能なものになるわけです。

エディプス・コンプレクスを経ることで、人は危険な〈もの〉を排除し、隔離することができるようになります。「エディプス・コンプレクスとは、子供に享楽に対する安全装置を設けさせる過程だ」とも言えるでしょう。

◉〈あの頃の満足〉はもうない

しかし繰り返すように、ほとんどの主体においてエディプス・コンプレクスは不十分にしか通過されていません（134頁）。だから人は、「（想像的）父を倒して、失われた享楽を取り戻そう」と考えてしまうのです。直接的な享楽に触れ続けることは致死的であり、父はそれを禁止することで、むしろ子供に安定をもたらしてくれたにも拘わらず。

こういった感情は確かに不合理です。しかし、**私たちは根本的に合理的存在ではない**というのは、精神分析がもたらす教訓の代表です。だからこそ、私たちはなかなかその感情から抜け出せません。

実際、私たちは「子供の頃には、今とは比べ物にならない満足があった」と考えてしまいがちです。そして「いまはその満足がなくなって、不幸なだけだ」と思い、「何とかして、あの頃のような輝きを取り戻したい」と願います。

いわゆる**ノスタルジー**というものは、ここから生まれてくるわけです。子供時代がやたらと輝いているように感じられてしまうのは、そこに失われた享楽がある（と考えられている）からです。さらに輝かしい日々の再来を邪魔する想像的父がいると考えてしまうと、陰謀論が生まれてきます（134頁）。

しかし主体がどうしようと、「あの頃の満足」は、もう戻ってきません。それは死ぬまで取り返せないものです。

翻って言えば、もし死ねば、取り戻せるのかもしれません。だからこそ私たちは死の欲動に動かされ、「あの頃の満足」を取り返すために命を賭けてしまうのでしょう。

エディプス・コンプレクスを経ても、〈もの〉は消えるわけではありません。それは時に再来し、主体を死の享楽へと誘うのです。先ほど見た牛追い祭などに、それは表われています。

しかしそのような衝動に動かされたところで、まず良いことはないでしょう。命を賭けて享楽を求めれば、もしかすると享楽を得られるかもしれません。しかしそれは、その人がほとんど死ぬような時です。やみくもに享楽を求めることは破滅を意味します。

満足が戻ってこないのは構造的に仕方のないことです。それを認めず、やけっぱちになったり、「誰かが邪魔するから享楽が手に入らないんだ」と陰謀論めいた憎悪《ヘイト》をむき出しにしたりしないようになれば、私たちの人生ももっと生きやすいものになっていくでしょう。それこそ去勢（135頁）というものの教えです。

……なにやら後ろ向きな話になってしまいましたが、「享楽は二度と取り戻せない」ということを知るのは絶望的なことでしょう。しかし、それは構造的な真実なので、言わずには済ませられません。

精神分析は「これを受ければ何でも願いが叶って幸福になれます」というような謳い文句を掲げはしないのです。もしそんなことを言ってしまったら、怪しげな宗教や自己啓発セミナーと変わらなくなってしまうでしょう。

むしろ**「無理なことは無理だ」と思い知ってから生まれる何かに賭けるのが精神分析です。**この「無理なことは無理だ」こそ、去勢の本質に他なりません。しかし私たちは、頭では分かっていても、なかなか「無理なことは無理だ」を受け入れられないのです。その代わり、不可能なものを何としてでも手に入れようと、躍起になって人生を賭してしまいます。しかし、不可能なものに賭ければよいと思ったら大間違いなのです。

◉享楽は全く取り返せないのか

さて、ここから議論は後半に移ります。ここまでの議論をまとめれば、「〈もの〉が失われ、現実界に追いやられたために、享楽は不可能なものになってしまった」ということです。これはラカンにおいては六〇年代の初期の議論にあたります。

わざわざ「初期」と記したのは、他でもありません。六〇年代半ば以降、享楽に関するラカンの考えが変わったからです。

それは一体どのような変容でしょうか。それを明らかにするために、ここからは、新しい享楽の考え方について見ていきましょう。

……と言っても、ここまで語ったことが間違いだったというわけではありません。つまり、原初的な享楽が失われたものであることに違いはありません。

しかし、ここで考えてみましょう。享楽は一度失われると、もう二度と戻って来ないのでしょうか。**享楽は〈もの〉の体験で一度きり得られるだけで、その後に享楽が手に入る可能性は全くないのでしょうか。**

ここまで見てきた六〇年代初期のラカンならば、「そうだ」と答えたでしょう。「死の欲動に突き動かされ、ほとんど死んでしまうような体験をした人ならば、なるほど享楽を得られるかもしれない。しかし淡々と日常生活を送る人々は、無意識に享楽を望みこそすれ、実際にそれを手に入れることはない」と。

しかしながら、「死の欲動の満足」は、牛追い祭に興じるような一部の人たちだけの問題と言えるでしょうか。むしろ、淡々と過ぎ行くかに見える日常にも、〈小さな享楽〉があるのではないでしょうか――六〇年代半ば以降のラカンは、そうした〈小さな享楽〉に関する議論を深めていきます。

◉「〈もの〉の享楽」から「対象 a の享楽」へ

例えば喫煙を考えてみましょう。喫煙の害はメディア等で喧伝されている通りであり、経済的負担も決して軽くはありません。煙草を吸ったところで、栄養など得られないどころか、癌などの病気を患う危険性が高まっていくだけです。

喫煙者なら分かると思いますが、煙草を味わいたいのなら、一日にせいぜい十本ほど吸えば事足ります。それ以上吸っていると、むしろ頭が痛くなったり、気怠《けだる》くなったりと、デメリットの方が多くなります。しかしそれでも、私たちは咳き込みながら煙草を何箱も空にします。

やはりそこには死の欲動があるとしか考えられません。確かに牛追い祭やドラッグなどに比べれば、喫煙でもたらされる死の危険など軽いものです。しかし、もはや不快に思いながらも煙草を吸い続けずにはいられないというのは、快原理では説明がつきません。

そう考えると、死の欲動というのは意外にも日常的に転がっているようなものだとは言えないでしょうか。なるほど最近喫煙者はめっきり少なくなりましたが、煙草のみならず、例えば高カロリーのラーメンを週に何度も食べたり、深酒して二日酔いを繰り返したりする人は大勢います。そうした**〈プチ死の欲動の満足〉**のようなものは、日々の生活の中で誰でも得ているように思われます。

それは〈もの〉の体験とは言えません。しかし、だからといって享楽ゼロの状態とも言えません。そうであれば、そこにはなにか、失った〈もの〉の残骸のようなものが作用しているのではないでしょうか。〈もの〉ほど強烈でないにせよ、その力をいくぶん残しているような、〈もの〉の残りカスがあるのではないでしょうか。

こうした〈もの〉の残滓を、ラカンは「対象a」と名付けました。[*2] 先述の通り、〈もの〉の享楽は、一度きりで失われてしまいます。しかしその後で享楽が一切なくなってしまうわけではありません。〈もの〉の享楽の残滓である**対象aの享楽**が、まだ残っているのです。

対象aの享楽は、〈もの〉の享楽のようにダイレクトに致死的なものではありません。しかしそこにはいくぶんの過剰さがあり、主体をわずかながらも死に近づけます。

そのような対象aの享楽を日常的に得ながら、私たちは日々の暮らしを送っています。だから死の欲動、ないしその満足としての享楽は、決して日常的な生と切り離されたものとは言い切れないのです。

◉欲望は〈もの〉を目指す——欲動と欲望②

対象aの享楽についてもう一つ言えることは、**対象aの享楽は、失った〈もの〉の享楽を取り戻すための指針として働く**ということです。そして対象aを手掛かりにした欲望の形式を**ファンタスム**（幻想）と言います。

この議論を理解するためには、まず欲望について、もう少し踏み込んだ検討を行わなければなりません。欲望と欲動の差異については、すでに150頁で語りましたが、ここで考えてみたいのは、**両者の関係**です。

欲望と欲動の性質は正反対と言ってもよいでしょう。欲望は〈法〉に従いますが、欲動は〈法〉をはみ出してしまいます。欲動の満足には享楽という名前が与えられていますが、欲望はつねに〈他のもの〉を目指すため、満足が得られることはあり得ません（113頁）。

しかし、それでも、両者はある**共通の根**を持っています。

それは何かというと、やはり〈もの〉の体験です。結論から述べれば、**欲望の根にあるのは、〈もの〉の**

享楽を取り戻したいという欲望です。つまり欲望は〈もの〉の喪失によって生まれるものであり、その最終目標は〈もの〉の享楽を再び得ることなのです。

欲望が満足することがないのは、〈もの〉の享楽を再体験することが不可能だからです。欲望が新しい対象を見つけた時、人は「これが手に入れば〈もの〉の享楽が戻ってくるかもしれない」と期待します。しかしそれを手に入れても享楽を得ることはできないので、欲望は満足を得られず、また〈他のもの〉を探しに行ってしまいます。これが延々と反復されるわけです。

つまるところ、**欲望の目標とは欲動の満足であるということになるでしょう。**そう考えれば、**欲望は欲動の中で動かされていると言えます。**欲望は、どちらかと言えば二次的なものなのです。

◉欲望に譲歩してはならない

そうであれば、どこに両者の差異があるのでしょうか。

欲動は、他の何も鑑みず〈もの〉の享楽へ向かって突き進みます。しかし**欲望はというと、享楽を得ることを望みつつも、時にそれを避けてしまうようなものです。**

欲望は〈もの〉の享楽を求めています。しかし同時に、それは象徴界の〈法〉にも従っています。そして象徴界の〈法〉とは〈もの〉の障壁になるものです。

だから欲望は、〈もの〉を求める気持ちに嘘をついて、象徴界の〈法〉に従い、「気の紛らわし」や「慰

＊2　〈もの〉に引き続いて、対象 *a* という名前も耳慣れないものですが、この由来を話すと長くなるので省略します。ただしここでの小文字の「*a*」は、シェーマL（102頁）において小文字の他者を表わしていた「a」とは別物だと考えてください。いや、もともとは小文字の他者を表わしていたのですが、さまざまな経緯があって、直接の関係がない意味に変わったのです。

み」を求めるようになってしまうことがあります。欲動の満足を諦めて、象徴界の〈法〉による妥協を良しとしてしまいがちなのです。

あなたが何かを欲望しているとします。しかし、それは本当に欲しいものなのでしょうか。むしろ「本当に欲しいけれど手に入らないもの」から気を逸らすために、別段欲しくないものが魅力的になってしまうのではないでしょうか。しかしそんなものを手に入れたところで、もっと虚しくなるだけでしょう。

いくら妥協をしようと努めても、享楽を求める気持ちはなくなりません。〈もの〉は負債のようにのしかかってきます。本当は欲しくなかったものを手に入れた際の虚しさは、まさに〈もの〉の負債ゆえの感情だと言えます。

だからラカンは、〈もの〉を求める**欲望に譲歩してはならない**と説きました。それは、死の欲動に動かされて性急に死を求めることを称揚する考えではありません。あくまで、「自分が〈もの〉を求めていることを忘れ、そこから逃げてはならない」という意味です。

◉象徴界の〈法〉と欲望の〈法〉

言ってみれば、一口に〈法〉といっても、**二種類の〈法〉がある**のです（なお、以下の議論はすでに一九六〇年の段階でなされていたものです）。

一つは象徴界の〈法〉で、これは〈もの〉を遠ざけるための障壁です。しかし欲望には欲望に固有の〈法〉があります。この**欲望の〈法〉**は、反対に、享楽を目指すための〈法〉と言えます。

「欲望は〈法〉に従う」と述べました。しかしここで欲望が従っているのが象徴界の〈法〉なのか、それとも欲望の〈法〉なのかということは大問題です。前者に従うことが意味するのは、欲望が妥協し、譲歩してしまったということです。**「欲望に譲歩してはならない」とは、「象徴界の〈法〉に従うことで、欲望の〈法〉をないがしろにしてはいけない」という意味にも取れるでしょう。**

例えば、あなたにある恋人がいたとします。彼女とはとても気が合い、次第にあなたは、この人と結婚したいと思うようになります。しかしその時、ある事実が発覚しました。彼女は、あなたの勤務先とライバル関係にある会社の重役の娘だったのです。彼女と結婚すれば、あなたはその会社を辞めざるを得なくなるでしょう。しかしあなたは勤務先で大活躍しており、その会社はあなた一人のおかげで経営が成り立っているようなものです。自分がこの会社をやめたら、多くの人に迷惑が掛かり、もしかしたら倒産するかもしれません。いったい、どちらを選んだらよいのでしょうか……。

ここであなたが彼女と別れ、会社に残ることを選んでしまったら、きっと後に後悔することでしょう。「彼女との恋愛は私の個人的な問題だが、仕事を辞めてしまったら、皆が路頭に迷うかもしれない。だから仕方なかったんだ」と言い訳しても、仕事から帰った後の静寂《しじま》が、あなたに涙を流させるでしょう。そこであなたはある〈法〉に従いました。それは「個人的な理由のために他の人に迷惑を掛けてはいけない」というルールです。この〈法〉に従ったがために、あなたは後悔することになります。なぜなら、そこではもう一つの〈法〉がないがしろにされてしまったからです。それは「是非にも彼女と結婚したい」という、あなたの欲望の〈法〉です。

確かに彼女を選ぶことはほとんど不可能だったかもしれません。しかしそれでも、自分が何かを裏切ったような罪悪感《うしろめたさ》は、消えてくれないことでしょう。それがもとになって、神経症的な症状に苦しむようになるかもしれません。

この挿話《エピソード》のように象徴界の〈法〉に従い、欲望の〈法〉を諦めてしまえば、必ず後悔が襲ってきます。その後悔は、**罪悪感**という形をとります。精神分析によれば、罪悪感の起源にあるのは、人が〈もの〉を諦めてしまったという後ろめたさなのです。

だからあなたが象徴界の〈法〉と欲望の〈法〉の二者択一に迫られた時、そこで欲望の〈法〉を選択しなければ、かならず罪悪感が襲ってくることでしょう。

……と言っても、この例はかなり分かりやすいものです。しかし実際には、欲望の〈法〉とは無意識的なものです。だから、象徴界の〈法〉に従い、妥協に過ぎない対象を求めていたとしても、当人はなかなかそれに気づけないものです。

根源的な罪悪感に苦しまないようになるためには、自分の欲望の〈法〉に向き合う必要があります。しかしそれは、自分の無意識と向き合うということを意味します。それをとことん成し遂げるためには、やはり精神分析の体験が必要になるでしょう。

◉象徴界と現実界の橋渡し

繰り返すように、欲望は〈もの〉の喪失によって生まれ、〈もの〉の享楽を取り戻すことを目標とします。他方、対象 a もまた〈もの〉の残滓であり、〈もの〉の喪失のしるしと言えます。この点において、両者には共通点があるのではないでしょうか。

それだけではありません。

先に〈もの〉は現実界のものであると述べました（159頁）。ここで考えてみたいのは、「対象 a もまた現実的なものだと言えるだろうか」ということです。

なるほど、部分的にはそうだと言えるでしょう。対象 a が享楽を与える以上、それはどこか象徴界をはみ出したものでなければなりません。

しかし〈もの〉が日常世界を超越した〈向こう側〉であったのに対し、対象 a は日常の中に転がっているような、ささやかな過剰でしかありません。だからそれは全く現実的なものだとも言えないわけです。結局、**「対象 a は象徴界と現実界の境目にあるものだ」**という定義が最も妥当でしょう。

ところで、欲望の〈法〉も、〈法〉である以上は象徴界のものです。しかしそれでも、欲望の〈法〉が〈もの〉を目指す以上、それはどこかで現実界とのつながりを持っています。ここから、欲望の〈法〉は象徴界と現実界をつなぐと言えます。

以上を総合すると、**欲望と対象 a は、象徴界と現実界の結節点になるという点で、同じ役割を果たしている**と言えます——ここでようやく、ファンタスムについての解説に踏み込んでいくことができます。

◉ファンタスムの機能①——欲望の指標

ファンタスムとは何でしょうか。結論から述べてしまえば、**ファンタスムとは、象徴界と現実界の結びつきの形です。**それは一体どういうことでしょうか。ここからしばらく、考えていきましょう。

筆者の見立てによれば、ファンタスムの機能は大きく、**①欲望に関するもの、②欲動（享楽）に関するもの**に分けられます。まずこの節では、①の方を見ていきましょう。

欲望に関して言えば、ファンタスムとは、**欲望を成り立たせるための主体と対象 a の結びつき**です。

欲望が生まれる時には〈もの〉は消えてしまっています。ですから、〈もの〉を取り戻そうと思っても、それがどこにあるのか、もはや分からなくなっているわけです。そこで主体は対象 a という痕跡を手掛かりにして、〈もの〉に再び至ろうとするのです。

例えば消えた人を探す際、手掛かりとなるのは、その人の残した痕跡です。私たちは足跡を辿ったり、あるいは犬に持ち物のにおいを嗅がせたりして、その人を見つけ出そうとします。それと同様に、対象 a は〈もの〉の手掛かりとなるのです。

対象 a の発見は、私たちと〈もの〉との間に一定の繋がりを作り出します。先述の通り、対象 a は象徴界という「こちら側」と、現実界という「向こう側」を繋ぐものです。だからこそ対象 a の発見によって、私たちがいる「こちら側」と、〈もの〉がある「向こう側」に結びつきが生まれるのです。

もちろん、それは〈もの〉が戻ってくるということを意味するのではありません。しかしそれでも、対象 a という〈もの〉の残骸を得ることで、〈もの〉がどこに消えたのかをある程度見定められるようになります。そうなると、〈もの〉を取り戻そうとする欲望の形、つまりファンタスムが構築されるのです。

対象 a は、この点で欲望の根源的な対象です。同時に対象 a の誕生＝〈もの〉の喪失こそが欲望を生み出すのですから、それは欲望の原因でもあります。ここから**対象 a は欲望の原因 - 対象**などと呼ばれます。欲望についての分析は、最終的に対象 a に辿り着かなければならないでしょう。

◉ファンタスムの機能②——享楽の規定

ここでもう一つ重要なのは、対象 a によって主体と〈もの〉の間に結びつきができたことで、**一定の満足が得られるようになる**ということです。つまりファンタスムの機能は、欲望を成立させるだけではないのです。それは、ある享楽の型《モード》を規定することでもあります。

そう、それが「対象 a の享楽」（163頁）というものです。対象 a という〈もの〉の残骸から、主体はある満足を汲み取れます。**その汲み取り方の型を決めるものが、ファンタスムなのです。**

もし、ファンタスムが欲望しか成立させなかったら、結局「〈もの〉を取り戻せない！」という不満足しか得られないでしょう。なぜなら欲望が満たされることはないのですから。

しかし実際、ファンタスムは対象 a の享楽という満足をもたらします。ファンタスムは主体が享楽を得る型《モード》を規定するものであり、一定の満足を作り出しもするのです。だからファンタスムは苦しいだけのものではありません。

まとめれば、**ファンタスムは、①未来への希望〈もの〉の再発見の欲望）を生み出すとともに、②現在の満足（対象 a の享楽）をも生み出す**と言えるでしょう。ファンタスムは欲望と欲動の両者に関わり、両者を共に成り立たせる機能を持っています。

◉人生の指標としてのファンタスム①――いかに享楽するか

いささか抽象的で、分かりにくいかもしれません。そこで、もう少し視野を広げて、人生におけるファンタスムの役割について考えてみましょう。

唐突に「人生」などという言葉を使いましたが、それには理由があります。というのも、**ファンタスムは私たちがどう生きていくかという指標になる**からです。

本能を失った人間は、「我々はどこから来たのか、我々は何者か、我々はどこへ行くのか」という人生の意味や目的を欠いています（91頁）。だからそれらは、生きていく中で構築されなければなりません。その時の判断基準となるのが、「どうすれば享楽が得られるか」という問いです。

誤解を恐れずに言えば、私たちが死なずに生き続けているのは、なにがしかの〈気持ちよさ〉が得られるからです。それは仕事に成功した時の〈気持ちよさ〉だったり、大切な人といる時の〈気持ちよさ〉だったり、好きな音楽を聴いている時の〈気持ちよさ〉だったりするでしょう。

この〈気持ちよさ〉は、つまり享楽です。**享楽こそが人生の意味の支えになる**のです。「どうやって生きていくか」という問い、それは結局、「どうやって気持ちよくなるか」という問いに他なりません。

◉人生の指標としてのファンタスム②──いかに〈余白〉を持つか

ただしここで注意すべきなのは、享楽は両義的であって、人生を破壊しもするということです。つまり、あまりに過大な〈気持ちよさ〉を得ると、死に至ってしまうのです。

享楽が破壊的になりすぎないためには、つねに〈余裕〉がなければなりません。それは「まだ最高の〈気持ちよさ〉には至っていない」という余地のことです。そうした空白部分があるからこそ、私たちは〈他のもの〉を求め、いろいろな新しいことに挑戦《チャレンジ》できるのです。

〈他のもの〉を求めるチャレンジ、それはまさに欲望の本質です（113頁）。つまりこの余地は、欲望が働くための余地だと言えます。それがなければ、一つの満足にしがみつき、人生に何の変化もなくなってしまうでしょう。

それは心的な**依存症**の状態です。依存症は、人を一つの享楽の対象に縛り付け、そこから離れる自由を奪ってしまいます。それは死に近しいと言えます。欲望がなくなって心的な依存症に陥ってしまった状態というのは、過大な〈気持ちよさ〉に溺れてしまっているという状態です[*3]。

つまるところ、①どういった形で自分が享楽を得ていくかということ、また、②欲望による変化を生み出すために、どういった〈余白〉を持って行くかということ、これが人生の意味や方向を決定づけるのです。

そう、ファンタスムとは、まさに享楽の型《モード》を規定するものであり、また欲望の指標でした。ファンタスムによるこうした規定が、人生の道しるべとなるのです。

ファンタスムは個人的なものばかりではありません。もっとも強大なファンタスムとは、宗教でしょう。宗教はまさに人生の指針を与えるものに他なりません。人生の喜びとは何か、正しい生き方とは何か――なにがしかの宗教の教説から、その答えを得る人は大勢います。さらに宗教は、神秘体験などによって、大きな享楽を与えます。神秘体験まで行かずとも、日々の宗教的行為が生み出す充実感のようなものは、まさに宗教によって生み出される享楽と言えます。実際、宗教ほど強大なファンタスムはないのです。

ことほど左様に、ファンタスムは私たちの人生の根幹に存在しています。だからファンタスムについて考えることは人生や世界そのものを考えることにも匹敵します。私たちは、なにがしかのファンタスムがなければ生きていく道を失ってしまいます。ファンタスムとは、言ってみれば人の生き方そのものなのです。

◉ファンタスムは万能ではない

ところで「ファンタスム」は、日本語に訳せば「空想」ないし「幻想」の意になります。つまり生きるための指標とは、本来幻想でしかないのです。「フィクション」と言ってもよいでしょう。人間に本能がない以上、後天的に作られた人生の指標など、所詮フィクションでしかありません（そもそも"fiction"の成り立ちは"fic"（作る）＋"tion"（～すること）なので、語源的には「作られたもの」の意です）。

＊3　ただしここで言う依存症はあくまで心的な比喩のようなものです。実際の依存症には脳機能の破壊などと言った器質的な問題も関係するため、もう少し緻密に考える必要があります。

本章の冒頭で、六〇年代において象徴界と想像界は「見せかけ《サンブラン》」としてまとめられるようになったと述べました（150頁）。ファンタスムとは、主体が象徴界（と想像界）を通して現実界と接するための枠組みと言えますが、それは見せかけのものに過ぎない、というわけです。見せかけ《サンブラン》とは、ファンタスムの形容詞と言ってもよいでしょう。

ファンタスムが見せかけのフィクションであるということは、つまり、**構築することができれば、解体することもできる**ということです。これは精神分析の臨床において大きな可能性となります。

というのも、ファンタスムは時に、大きな苦しみをも生み出すからです。

繰り返すようにファンタスムは後から作られたもので、万能ではありません。ですから人生の途上においては、既存のファンタスムでは対応できないような出来事が生じる可能性があります。

例えば会社に人生を捧げていた人が事故に遭って仕事ができなくなるとか、熱心に信仰していたのにも拘わらず不幸な事件によって大切な人を喪ってしまうとかいう出来事は起こり得ます。それほど甚大でなくとも、例えば受験に全力で打ち込んでいた人が、大学に入ると何をしてよいか分からなくなるなど、**自分がそれまで抱いていたファンタスムが根本的に否定される出来事**は、人生のうちで必ず生じるでしょう。

しかしファンタスムとはその人の生き方を根本的に規定していた枠組み、いわばその人が世界を見る窓枠です。ですから、もはやファンタスムが通用しない状況に陥っても、なかなかファンタスムを捨てることはできません。**ファンタスムを捨てることは、大事な享楽の対象を捨てることを意味する**のですから。

またそもそもの問題として、ファンタスムがその型《モード》を規定する享楽とは、単なる快とは違って、快と不快が入り混じる両義的なものです（153頁）。だからファンタスムが規定する享楽は苦しいものにもなり得ます。

仕事にすべてを捧げ、胃潰瘍で倒れてもまだ仕事を辞められないような人はいます。「自分の時間が全然取れないんだよ」と、彼は弱音を吐くでしょう。そこで、それほど苦しい仕事なのに、なぜ辞めないのかと訊くと、「企画が成功裡に終わった時の達成感は忘れられないんだ」とか「皆から頼られるのは嬉しい」などという答えが返ってくると考えられます。つまり、苦しくて仕方がない仕事でも、そこにはある享楽があり、彼はなかなかそれを捨てられないのです。

しかし同時に、彼は自分の享楽の型《モード》に苦しめられてもいます。そうした分裂した状況の中で懊悩《おうのう》していては、もっとよい人生に続く扉が閉ざされてしまうでしょう。そこから抜け出すためには、どうすればよいのでしょうか。

◉ファンタスムの横断

精神分析では、**それぞれの分析主体が自らのファンタスムと向き合い、もっと苦しまなくて済むように、新たなファンタスムを再構築すること**が促されます。これを**ファンタスムの横断**と言います。

ここで注意すべきなのは、ファンタスムが無意識的に構築されているということです。

ここまでは読者諸賢の便宜のために「仕事に打ち込む」や「信仰に生きる」などといった分かりやすい例を挙げてきたため、ファンタスムが無意識のものであることがいまいち伝わらなかったかもしれません。しかし、実際のファンタスムは無意識の論理に則って構築されており、もっと抽象的で、入り組んだものです。これまでの例は、そうした根源的なファンタスムが分かりやすい形で顕現したものでしかありません。

だからファンタスムを横断する作業は、精神分析の場でなければ、なかなかできません。

そしてファンタスムこそ、精神分析において現実界を扱うための、最良の手段の一つに他なりません。先述の通り、言語の臨床である精神分析は現実界そのものを扱うことはできず、あくまで私たちが現実界に向き合う姿勢しか相手にできません（148頁）。そうであれば、まさにファンタスムこそ、主体が象徴界（と想像界）を通して何らかの形で現実界に接続《アクセス》するための枠組みに他なりません。だからファンタスムは、精神分析が現実界に介入するための格好の媒体になるのです。

しかし実際には、それは生半可な難しさではありません。ファンタスムとはその人の生き方を根本的に規定していた枠組みであり、いわばその人が世界を見る窓枠です。ですから、もはやファンタスムが通用しない状況に陥っても、なかなかファンタスムを捨てることはできません。ファンタスムを捨ててしまえば、全く異なった世界の見方、全く新しい生き方を見つけなければならなくなるのですから。

ファンタスムを横断するとは、つまり自分の生き方を根底的に変えることを意味します。しかし人はなかなか変われないものです。日常生活の中でさまざまな出来事を経験すれば、表面的には変わるでしょう。しかし本質的には、ずっと同じような人であり続けます。

抜本的な変化がもたらされるためには、精神分析という非日常的な場が必要になるはずです。

◉理想から脱却すること

では具体的に、いかにしてファンタスムは横断されるのでしょうか。

実際、それはそれぞれの分析主体に特異的な過程を辿りますが、それでも重要になるのは、**対象 a と〈理想〉の癒着を引き剝がす**ことです。

ファンタスムが強固なのは、享楽ないし欲望の対象（対象 a）が、なにがしかの〈理想〉的存在になっているからでもあります。

先ほどの例（173頁、174頁）を再び参照すれば、信者が理想にしているのは神様でしょうし、会社人間が理想としているのは仕事での成功です。受験生にとっての理想は、もちろん夢の志望校への合格です。これらの〈理想〉を諦めることは、罪の意識や恥の感情を生み出します。信者であれば「地獄に落ちるかもしれない」、会社人間であれば「無職にはなりたくない」、受験生であれば「大学に落ちたら負け組だ」といったものです。

　しかしファンタスムを横断する時、これらの〈理想〉は、ただの欲望の対象に変わります。つまり「**そうした〈理想〉を作り出すことで、自分は何がしたかったのか**」が分かるのです。

　そうすると、「自分があの理想を求めていたのは、必然的なことではなかった。自分は他にもやりたいことがあったじゃないか」と考えられるようになり、新たなファンタスムを構築することができるようになります。そこから、新たな人生が拓けてくるでしょう。

　第一章で、「精神分析とは〈理想〉に苦しめられなくなることである」と述べたのを覚えておられるでしょうか（21頁）。それはつまり、ファンタスムの横断によって、それまでのファンタスムで〈理想〉的存在に祭り上げられていた対象から自由になろうということです。

　専門用語を用いれば、この〈理想〉は**自我理想**と呼ばれるものです。ラカンは自我理想を、主体が世界を見るための定点だと言っています。それは、世界を眺める窓枠であるファンタスムの中心に、自我理想があるからでしょう。既存の自我理想を離れること、それは異なった視点で世界を眺めるための、新たな窓枠を見つけることです。

◉まとめ

本章ではまず、現実界の導入により、ラカン理論の対立軸が〈想像界VS.象徴界〉から、〈見せかけ《サンブラン》（象徴界＋想像界〉VS.現実界〉に変わったことを確認しました。次に享楽という死の欲動の満足を紹介した後、その起源となる〈もの〉の体験、また〈もの〉の喪失について解説しました。

後半以降は、〈もの〉の享楽を一部取り戻す対象 a の享楽について語り、対象 a を軸にした現実界と象徴界の繋がりとしてのファンタスムの姿を明らかにしました。そしてファンタスムの横断により、享楽の型《モード》を変えていくことが精神分析の目標であるという結論に至りました。

ファンタスムを横断したところで、〈もの〉が取り戻せるとか、不可能なものがなくなって何でもできるようになるわけではありません。絶対的に不可能なものは、最後までなくなりません。あくまで、変わるのは、いかにして不可能性と付き合っていくかという姿勢《スタンス》でしかありません。

だから重要なのは、**不可能なものがあることを認めること、しかし性急にそれを求めようとせず、うまい付き合い方を見出していくこと**です。

それは一朝一夕ではできないことでしょう。それゆえ時に人は焦燥に駆られ、不可能なものに賭けて破滅の道を辿ってしまいます。しかし、そうした行為が幸せをもたらすことはまずありません。

結局、私たちは一歩一歩進んでいくしかないのでしょう。精神分析も、いたずらに早期の治療をもたらそうとする精神療法とは違い、気の遠くなる様な期間、地味な自由連想を続けていきます。それは、人生そのもののあり方と一緒です。

＊＊＊

人生の終わりは死という形で突然やってきます。それでは、精神分析の終わりは、いかにしてやってくるでしょうか。換言すれば、ファンタスムの横断の果てに、私たちが辿り着く場所はどこなのでしょうか。

本書の旅にもいよいよ終わりが見えてきました。次の終章では、精神分析の終結についてお話ししましょう。

アンコール4 神経症・精神病・倒錯

第一章において、精神分析における精神疾患は神経症、精神病、倒錯（＋自閉症）に分類されると述べました（19頁）。実はここまで語ってきた議論（特に第四章から第六章のそれ）はみな神経症者にのみ当てはまるものでしかありません。精神病者や倒錯者の精神病理を考えるためには、また別の論理《ロジック》が必要になります。

いわゆる健常者は神経症者に属するため、本書ではあまり精神病や倒錯について語りませんでした。このコラムでそれを補っておくことにしましょう（ただし自閉症については、複雑になるため割愛します）。

☆症状ではなく構造

神経症には神経症の、精神病には精神病の、そして倒錯には倒錯の苦しみがあります。これらの精神疾患のうちどれかが幸福であり、その他が不幸であるというわけではありません。その人がどのような人生を送ろうと、そこには必ず、なにがしかの辛さがあるものです。

ただし**精神疾患によって、苦しみの質は異なります。**本コラムで目的とするのは、その質の違いを明らかにすることです。

これは精神疾患の**鑑別診断**と呼ばれるものです。といっても、この「鑑別診断」という言葉の意味が問題です。鑑別診断は何に依拠して行われるべきか、つまりは精神病理の「違い」をどこに探し求めるべきか、まずはそれを明らかにしなければなりません。

先に「精神病理」という厳めしい言葉を用いましたが、精神分析における精神病理とは「生き方」と同義です（20頁）。つまり神経症者、精神病者、倒錯者は、それぞれ異なった**人生の構造**を持っているというわけです。問題となるのはあくまで「構造」です。つまり顕現している症状の違いに基づいた鑑別診断は無意味《ナンセンス》です。あくまで、そうした症状を規定している構造こそが問われなければならないのです。

最近の精神医学は構造論的な問いを捨て、症状の現象《みため》にのみ着目するような鑑別診断を行っています。これは精神医学の治療がもっぱら投薬治療に終始していることに起因しています。すなわち医師は「なぜ患者がその症状を持つに至ったか」を考える必要はなく、「どんな症状か」だけ分かれば、薬を処方することができ、治療が行えるのです。現代の精神医学は原因論を手放したとも言えるでしょう。

それに対して、精神分析はあくまで患者の人生そのものを扱う臨床実践です（21頁）。したがって精神分析的な鑑別診断は、あくまで構造を考えなければなりません。もっと言えば、**人生の構造を規定している要因《ファクター》**を考えなければならないのです。

☆〈父の名〉による鑑別診断

この要因《ファクター》は、実は「父」の問題に収斂します。一言で言えば、**神経症者は「父がいる」ことに苦しみ、精神病者は「《父》が何か分からない」ことに苦しみ、倒錯者は「父が馬鹿にしか思えない」ことに苦しむのです。**どういうことでしょうか。順番に見ていきましょう。

神経症者の苦しみとは、ここまで何度も語ってきた通り「**欲望の対象を手に入れられない**」という苦しみです。エディプス・コンプレクスにおいては、父のようにファルスを〈持つ〉ことを欲望しても、実際にそれを叶えることはできません。欲望はその究極的対象を手に入れられず、満足を覚えることがありません。なぜなら、〈もの〉が失われた以上、充全な享楽は二度と手に入らないからです。

これは神経症者が神経症者である以上避けられない構造的な事実なのですが、神経症者はそのことが受け入れられません。だから彼／女は父を憎み、父を倒して享楽を取り戻そうと願います。しかしここで敵意が向けられている父とは想像的父に他ならず、よしんばそれを倒したところで、究極的な享楽の対象は戻ってきません。だから神経症者はいつまでも幸せの青い鳥が現れないと嘆きつづけることになるのです。

☆精神病における〈父の名〉の排除

そうであれば、もし父がいなければ享楽に満ちた桃源郷がいつまでも続いていたでしょうか。「あいつさえいなければ私の人生は幸せだった」のでしょうか――それこそ神経症者特有の浅はかな考えです。享楽は主体を死に誘うがごとき過剰な満足であり、享楽が制限されなければ、人生は危険に満ちたものになってしまいます。

それこそ精神病者の構造です。人が精神病になる原因は、一言で言えば**〈父の名〉の排除**にあります（この「排除」は159頁の〈もの〉の排除とは別の意味です）。

ここで「精神病」と呼ばれているのは、大まかに言って**スキゾフレニー**と**パラノイア**を二つの極とする精神疾患を指します（なおスキゾフレニーは日本の精神医学では「統合失調症」と訳されますが、精神医学における統合失調症とラカンにおけるそれは微妙に異なるので、ここでは原語をカタカナ表記にしています）。

〈父の名〉が排除されているというのはどういう事態でしょうか。〈父の名〉とは〈法〉を司るシニフィアンであり（118頁）、すなわち**この世の秩序すべてを保証している存在**です。しかし精神病者においてはこの〈父の名〉が機能していません。そのため**精神病者の世界はつねに、あらゆる〈法〉が崩壊し、無秩序に陥ってしまう危険と隣り合わせ**なのです。

古典的なスキゾフレニーに典型的な症状として、**世界没落体験**と呼ばれるものがあります。これは、別段何も起きていないのに「大規模な災害や大戦によって、世界は滅亡する！」という不安に怯え、絶望を味わうというものです。これはまさしく、〈父の名〉の機能不全によって世界が混沌《カオス》の渦に落ち込んでしまうという危機の現れと言えます。世界没落体験は錯覚などではなく、その時、精神病者の世界は本当に滅亡しようとしているのです。

このような危険を回避するため、精神病者は何とかして〈法〉の機能を作り出そうとしています。しかし繰り返すように、本来それを行ってくれる（象徴的）父は存在していません。

そのため精神病者は、**自らの手によって**〈法〉を作り出そうとします。これが、パラノイア特有の**妄想**です。

パラノイアの症状の典型は誇大妄想です。これは「世界を救えるのは自分しかいない」「私こそ真の勇者だ」というように、自分を絶対的な存在であると思い込む現象を指します。

神経症者の観点では、このような妄想は不合理で尊大なものだと思われるかもしれませんが、精神病の世界においてはとても理に適っています。なぜなら、**〈法〉を司る存在がない以上、〈法〉を設立し、世界を無秩序から救えるのは自分自身しかいない**からです。ただ、この〈法〉は神経症者における父の〈法〉とは異なるため、神経症者から見れば異様な妄想に映ってしまっているだけです。

図式的にまとめれば、**精神病者は、スキゾフレニー的な「絶対的無秩序への転落」を避けるために、パラノイア的妄想によって自分自身の〈法〉を作り出そうとしている**と言えるでしょう。

☆妄想の構築を助けること

このように神経症者と精神病者の精神病理は全く異なったものであり、したがって精神分析も、両者に同じ臨床を行うことはできません。神経症の臨床についてはこれまで繰り返し語りましたが、それでは、精神病の臨床とはいかなるものでしょうか。

それは、**妄想の構築を援助すること**です。――これはちょっと逆説的な考え方です。普通に考えれば、パラノイアの妄想は不健全な症状であり、消失させるべきものであるように見えます。

しかし精神分析の考えによれば、全く逆です。妄想は精神病者の世界を安定させるために重要なものであり、それがなくなれば混沌に陥ってしまうでしょう。

しかし妄想による〈法〉（もどき）は、〈父の名〉のような絶対的な保証者を持っていないため、とても脆いものです。つまりそれは簡単に壊れ、無秩序に陥ってしまう危険と隣り合わせなのです。

そこで分析家は、その妄想をできるだけ補強し、簡単には壊れないものにすることを目指します。そのためには精神分析の場で自分の妄想を分析家に語ることで安定化し、持続可能《サステイナブル》なものにすることが求められるでしょう。

☆倒錯について

さて、最後に倒錯者について触れますが、これは少し説明が困難です。ここでの説明は、あくまで断片的なものに留まります。

精神分析における「倒錯者」とは性的倒錯者のことです（「倒錯」の原語は《perversion》ですが、数十年前までは「変態」と訳されていました）。といっても、LGBTなどの性的少数者《マイノリティ》がそのまま倒錯者だというわけではありません。あくまで〈父の名〉に基づいてそれを定義する必要があります。

精神病者と異なり、倒錯者は〈父の名〉が排除されていないわけではありません。しかしそれは、神経症者のように充分に機能しているわけでもありません。つまり倒錯者は〈父の名〉とその排除の中間にいるのです。

簡単に言えば、倒錯者は〈法〉を保証する存在（象徴的父）を知っていますが、しかしそれが**馬鹿げたものにしか**

思えないのです。したがって彼はファルスによる性の標準化《ノーマライゼーション》（140頁）を受け入れず、倒錯したセクシュアリティのもとで〈法〉を嘲笑いながら生きることになります。

122頁で、「象徴的父が機能するためには母親が何らかの父的存在を認めていなければならない」と述べました。いささか暴力的に単純化すると、**ここで父的存在が認められないと、子供は倒錯的になってしまう**のです。そのことで〈父の名〉が全く排除されてしまうわけではないので、精神病化は避けられますが、神経症者と同じようには生きられません。

倒錯に対する精神分析的臨床については省略します。そもそも倒錯者は基本的に分析や分析家も馬鹿にしているため、めったに分析の場に現れません。そのため倒錯に対する精神分析的アプローチの理論はいまだ確立していません。

最後に一言付け加えておけば、ここまで一括りに「倒錯」と言ってきましたが、正確には**構造における倒錯と享楽における倒錯**を区別しなければなりません。どういうことでしょうか。

そもそも享楽は〈法〉をはみ出すもので、本質的に倒錯的なところがあります。そうであれば、私たちがみな享楽と関わっている以上、私たちにはどこか倒錯的な要素を持っているということになります。つまり**構造的には倒錯者でなくとも、倒錯的な享楽自体は誰にでも存在している**のです。

特に現代のように享楽の多様性が顕在化してきた時代においては、こうした享楽における**一般化した倒錯**（**コレット・ソレール**による用語）について考える必要があるでしょう。しかし、構造的な倒錯者と享楽における倒錯的なものは、一旦区別しなければなりません。

終章

すべてうまくはいかなくても
——分析の終結について

精神分析は何のためにあるのでしょうか。

今一度、この基本的な問いに立ち戻りましょう。

これまで、さまざまな精神分析の目的を語ってきました。第四章では「抑圧されたシニフィアンを認めることによって、無意識の〈法〉を更新する」と語りました（100頁）。第五章では「去勢をやり直すことによって、〈他者〉の欠如という構造的な真理を受け入れることこそが精神分析の目的である」と語りました（136頁）。また第六章では「精神分析はファンタスムの横断によって、より苦しくない享楽の型《モード》を目指す」という結論に至りました（175頁）。

このようにさまざまな目的が混在しているのは、ラカンが絶えず理論的変遷（72頁）を繰り返しているからです。しかし、それでも精神分析の目的には何か一貫したものがあります。換言すれば、これらの目的は決して相反するものではないのです。

結局のところ精神分析が目指すのは、**患者の〈生き方〉を根本的に変えること**です。極めて大雑把に言えば、精神分析の場に来る患者は何らかの生きづらさや不幸を抱えているはずです。それはつまるところ、「**自分は本当に満足できる〈生き方〉をしていない**」ということに起因しています。さらにこうした「後ろめたさ」が何に由来しているかというと、「**自分が本当に望むものが何か分からない**」という、無意識にまつわる問題です。

ですから精神分析は、分析主体が自分自身の無意識に向き合うことで、「自分がこれまでどういった〈生き方〉をしてきたか、そして苦しみから抜け出すためにどういった〈生き方〉を選択すればよいか」を根底から考え直す場を提供します。重要なのは症状を治癒させることではありません。自分の全体的な〈生き方〉を見直し、新たな世界の扉を開けるよう、患者の旅に付き合うことなのです。

これは実のところ、極めてシンプルでプリミティブな考え方です。だからこそ、それを理論的に把握しようとすると、さまざまなアプローチが可能になるのです。

これまで語ってきた数々の「精神分析の目的」は、各々がその試みのひとつひとつだと言えます。〈生き方〉が変われば無意識の〈法〉も更新されるでしょうし、去勢はやり直され、ファンタスムは横断されるでしょう。

――ここまではすでにお伝えした議論です。しかし、それでもまだ残っている問いがあります。それは、**こうした無意識の旅の末、患者が辿り着く終点《ゴール》はどこにあるのか**という問題です。

〈法〉の更新は無限に続けなければならないのでしょうか。ファンタスムの横断は果てのない旅なのでしょうか。精神分析には終わりがなく、患者が死ぬまで続くものなのでしょうか……今こそ、分析の終結について語らなければなりません。

◉自分自身で終点を見つける

実は、私たちは第一部においてすでにその答えを手にしています。それはすなわち**特異性**です。

精神分析の果てに行きつく場所は、特異的なものの場所です。したがってそれは各々の分析主体によって異なっているはずであり、一概に語ることはできません。分析の終着駅はそれぞれの主体が**自分自身で**見つけなければならないものであり、分析家や分析の理論がそれを教えることはできません。

実際、分析の終結は分析家が「これで終わりです」と宣言することで訪れるようなものではなく、また規則によって分析の期間が定められているわけでもありません。その分析が何年続くべきか、いつ終わるべきか、それは患者自身の判断に委ねられています。患者が「精神分析の場でやるべきことは終わった。もう話したいことはない。私の分析はここで終わってよい」と感じた時、自分自身で分析家に終結を宣言するでしょう。それがいつか、分析家には分かりません。**分析の終結は特異的な判断によってもたらされるものなのです。**


――しかし、こうした結論では何も語っていないに等しいのではないでしょうか。

◉〈他者〉の世界に産み落とされること

確かに特異性の問題は重要です。しかし、いくら特異性に一般的な定義が与えられないからといって、その説明を諦め、念仏のように唱え続けていても、議論は進展しません。

特異性が定義不可能であることを受け入れたとしても、それでも、**なぜそこまで特異性が重要なのか**については、きちんと理論的に説明しなければならないでしょう。そうでなければ、これはただの信仰告白になってしまいかねません。

そもそも、人が人生に苦しむのはなぜでしょうか。――この答えも、すでにいろいろと記してきました。ある時は、抑圧されたシニフィアンが自らを認めさせようとするからだ（101頁）と語りましたし、ある時は去勢を受け入れられないからだ（134頁）とか、苦しいファンタスムを横断できていないからだ（174頁）とも語りました。しかしここではそれらに通底する最終的な原因を、いわば精神分析の「ラストボス」を明らかにしなければなりません。

一言で述べましょう。**もろもろの苦しみは結局、人がみな〈他者〉の世界の中で生きなければならないということに起因します。**

無意識の〈法〉は〈他者〉がいるからこそ生まれます。したがってシニフィアンが抑圧されるのは、人が〈他者〉の世界で生きているからです。また〈他者〉の世界に参入することでエディプス・コンプレクスが始まりますが、そこで経験する「去勢」を、人はなかなか受け入れられません。さらに〈他者〉の世界は、究極的な享楽を与える〈もの〉を排除しなければなりません。……結局、**精神的な苦しみは〈他者〉の世界の構造に起因している**のです。

これは89頁で述べた「〈他者〉の根源的な不穏さ」と同様の事態です。私たちは、本来自分自身とは異質な〈他者〉に身をゆだねなければ、生きるための必要性すら満たせません（110頁）。しかしそうした〈他者〉は根本的に不穏なものであり、人間が〈他者〉の世界に参入した時から、終わりなき苦しみが始まってしまいます。

……何やら絶望的な話になってしまいました。〈他者〉がいなければ生きていけないにも拘らず、〈他者〉の構造が苦しみを生み出すとすれば、私たちに残された道はどこにあるでしょうか。構造上の問題であれば仕方ないと諦め、何も望まず、機械のように日々を過ごしていけばよいのでしょうか。それとも、喜びを奪う〈他者〉を呪いつづけることに一生を費やすべきなのでしょうか。あるいは不幸や苦しみを誤魔化し、利那的な享楽にすべてを賭けていればよいのでしょうか。

◉「〈他者〉は私を裏切った！」

いや、どの道も選んでも、結局後悔しか残らないでしょう。これらはすべて、極端すぎる考えです。にも拘わらず、私たちがついこうした結論に至ってしまうのは、結局、〈至福〉を諦めきれないからなのでしょう。つまり、「この世界の究極の幸せを手に入れられない！」という絶望が、人を極端に破滅的な行為に至らせるのです。

また重要なのは、こうした絶望が「**〈他者〉に裏切られた！**」という気持ちを生むことです。どういうことでしょうか。

本来〈他者〉は私たちの生を可能にしてくれる、絶対的な拠り所であるはずです。にもかかわらず、〈他者〉はその構造ゆえ、決して〈至福〉を与えてはくれません。**〈至福〉に関して〈他者〉は無力なのです。**それが明らかになると、私たちは「騙された！」と感じてしまいます。「〈他者〉は絶対ではなく、ただの無力な存在じゃないか。信じていたのに！」というわけです。

この恨みゆえに私たちは、〈他者〉に復讐しようとします。「もう自分は何も望まない（それは〈他者〉、お前のせいだ）」と暗に恨み言を言ったり、あるいは直接に〈他者〉を倒して〈至福〉を取り戻そうと躍起になったりしてしまうのです。

しかし、そんなことをしても〈至福〉を手に入れられるはずもなく、ただネガティブな感情が募っていくだけでしょう。〈他者〉の無力について、〈他者〉が責任を取ることはできないのですから。救いをもたらしてくれる人はいないのです。

◉〈至福〉の迷路からの脱出

こうした失意から抜け出すために、道は一つしかありません。それは**〈他者〉の中に〈至福〉に依拠しないような独自の「幸せ」を見つけ出すこと**です。そう、それこそ「特異性」という言葉が表わすものです。ただしここでいう「幸せ」はかなり特殊なもので、一般的な幸福とは異なります。つまり「〈他者〉に認められた幸せ」ではなく、むしろ**幸せがないことをそのまま肯定するような〈生き方〉**を指します。どういうことでしょうか。

一般的に「幸福」と呼ばれるものには、志望校への合格とか、結婚とか、出世といったものがあげられます。こうした社会的成功を収めるため、幼いころから勉学に勤しむような人も大勢います。

しかし、そうした努力の末に成功を手に入れても、虚しいだけでしょう。なぜなら欲望の性質上（113頁）、ある対象を手に入れても飽き足らず、もっと〈他のもの〉を求めてしまうからです。幸せを追い求めることには終わりがありません。

つまり**〈他者〉に認められた幸せを掴んだところで、それはつねに〈至福〉には至りません。**幸せを手に入れれば、何を「幸せ」と感じるかの基準《ハードル》は次第に高くなってしまいます。これまでは充分満足できたものが、もはや取るに足りないものに見えるようになってしまいます。逆説的にも、人は幸せになればなるほど、不幸だと感じることが多くなるものです。

実はこれと同じことが分析の場でも生じます。そもそも人が分析に来るのは、なにがしかの不幸を抱えているからです。しかし分析が進めば、そうした不幸は次第にましになっていくことでしょう。対人恐怖症だった人が流暢に他人と喋れるようになったり、不眠に悩ませられなくなったりして、人生が生きやすくなるでしょう。そうなると、少しは幸せに近づけたように思えるかもしれません。

しかし、分析主体が「もっと幸せになりたい」と思いつづけているのであれば、やはり幸せの基準《ハードル》が高くなり、むしろ幸せが遠ざかって行ってしまいます。

つまりそこで彼／女は〈至福〉を求めてしまっているのです。そうであれば、**〈至福〉の迷宮の脱出を語ることは、直接的に分析の終結にまつわる問題**だと言えます。

では迷宮の出口であるところの**〈他者〉の幸せに依存しない〈特異的な幸福〉**とはどのようなものでしょうか。

◉〈理想〉から特異性へ

勘の良い読者はお気づきでしょう。ここで問題となっているのはまさに**〈理想〉**です（21頁）。理想的な幸せ、すなわち〈至福〉はつねに手元になく、近づけは近づくほど遠ざかっていくものです。それを追い求める旅は、必然的に果てしないものになります。

〈理想〉はファンタスムの横断においても重要なものでした（176頁）。対象aと〈理想〉の癒着が引き剥がされた時、自分の求めていたものは〈理想〉ではなく、単に欲望の対象だったということが明らかになります。そのことでファンタスムは解体され、新たな〈理想〉のもと、新たなファンタスムを構築することができます。

しかし、ここで新たな〈理想〉を求めてしまえば、結局そのファンタスムにも横断の必要性が生じてしまうでしょう。つまり、それでは分析の終結にはならないわけです。

したがって、重要なのは**〈理想〉とは別の場所で「幸福」を見出すこと**です。〈理想〉とは結局〈他者〉

の世界のものですから、〈理想〉に依拠し続けている限り、幸せや〈至福〉がないことへの苦しみは消えません。〈特異的な幸福〉が〈他者〉の世界において理想的に見えるか否かは問題ではありません。

繰り返しますが、〈特異的な幸福〉は一般的な意味での幸せとは異なります。それは**〈他者〉が何を言おうと関係のないもの**です。他人の理解が得られなくとも、「なぜそんなものを求めるのか」と呆れられ馬鹿にされても、それでも自分にとっての価値が失われないような、そういったものこそ、〈特異的な幸福〉に他なりません。

それは、言ってみれば、誰が何と言おうと、自分の今の生き方をそのまま肯定するような態度です。たとえ自分が理想的でなくても、万人の理解を得られなくても、自分は自分の望む生き方をしているからこれで良いという、堂々とした態度です。もはや、自分の人生が〈他者〉の理想に適っているかどうかを慮《おもんぱか》りながら、いらぬ気を遣って生きる必要はなくなっているのです。

＊＊＊

私たちは普段、自分が思っているよりずっと特異的な人生を歩んでいません。目の前に誰もおらず、自分の満足のことしか考えていないような時でも、自分の内なる〈他者〉に気を遣いながら生きてしまっています。「他人の期待に応えたい」「馬鹿にされたくない」「愛されていたい」というような素朴な悩みは、見た目以上に深刻なものなのです。

〈他者〉から自由になること、真に特異的なものに人生を捧げようとすることは、そう易々とはできません。時間がかかるでしょう。進んでは戻ることの繰り返しでしょう。光明が見えたかと思えば、それが気のせいだったことに気づき、涙するでしょう。

すべてがうまくいくことはありません。それは仕方ありません。私たちの人生は、完全に理想的にはならないのです。すべてうまくはいかなくても、それでも、新しい日々に踏み出したい人のために精神分析はあります。

私たちの長い旅もここで終わりです。

しかし、すべてが始まるのはここからです。

文献案内

参考文献一覧の代わりに、筆者の推薦する文献を紹介したいと思います。これらは本書を書くうえでも大きな参考になったものばかりです。本書をお読みになって「もっと精神分析のことを知りたい!」と思われた方は、ぜひとも以下の文献をお読みください。

まず第一に、**ラカン的精神分析の概説書**としては何より、①**向井雅明『ラカン入門』（ちくま学芸文庫、二〇一六年）**と、②**松本卓也『人はみな妄想する――ジャック・ラカンと鑑別診断の思想』（青土社、二〇一五年）**をおすすめします。どちらも驚くほどの明快さでラカン的精神分析の理論を概説してくれる秀逸な本です。本書では紹介できなかった後期ラカン（七十年代以降）の理論も解説されています。どちらもやや分量が多く、本書よりもいささか複雑な理論を扱っていますが、本書の議論を理解していただけた方なら読めるはずです。まずはこの二冊をぜひ通読してください。そうすれば充分ラカンの原典に当たることが出来るでしょう。

①

②

第二に、**精神分析全般の概説書**としては、③**立木康介監修『学校では教えない教科書　面白いほどよく分かるフロイトの精神分析』（日本文芸社、二〇〇六年）**をおすすめします。ちょっと軽い感じの題名に戸惑われるかもしれませんが、フロイト理論が手際よく解説されています。また少し古い本ですが、④**小此木啓吾『フロイト』（講談社学術文庫、一九八九年）**も丁寧にまとめられています。ラカン的精神分析とは異なる立場で書かれた本ですが、ラカン派以外の領域でフロイトがどう解釈されているかの参考になるでしょう。フロイトの略伝や著作の抜粋も収録されており、特に伝記におけるロンドンへの亡命エピソードは必読です。

③

④

第三に、**精神分析の臨床実践**に興味がある人は、⑤**ソニア・キリアコ『稲妻に打たれた欲望――精神分析によるトラウマからの脱出』（向井雅明監訳、誠信書房、二〇一六年）**をお読みください。これは実際に行われた精神分析の症例集です。筆者も翻訳に参加しており、簡単な用語解説も収録しています。

⑤

少し理解に骨が折れるかもしれませんが、第四に、**ラカン的精神分析の研究書**として、⑥**河野一紀『ことばと知に基づいた臨床実践――ラカン派精神分析の展望』（創元社、二〇一四年）**、⑦**上尾真道『ラカン 真理へのパトス』（人文書院、二〇一七年）**をおすすめします。前者は心理臨床の中でラカンの意義を論じており、後者はフランス現代思想の文脈におけるラカンが検討されています。

現代における精神分析に興味がある人は、⑧**立木康介『露出せよ、と現代文明は言う――「心の闇」の喪失と精神分析』（河出書房新社、二〇一三年）**も必読です。

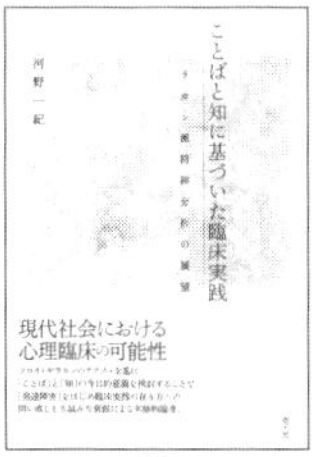

⑥

⑦

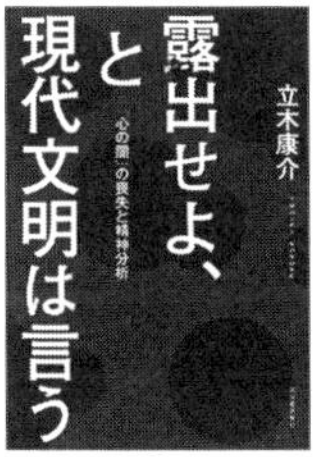

⑧

第五に、本来であれば解説書での理解に留まらず、直接、**原テクスト**にあたることが不可欠です。フロイトの著作でまず読むべきは、⑨**『精神分析入門講義』(岩波版『フロイト全集』一五、二一巻に収録)**です。精神分析の始祖よりも秀逸な精神分析入門を書ける人はいないでしょう。浩瀚な書物ですが、通読の苦労に見合うだけのものは必ず得られます。

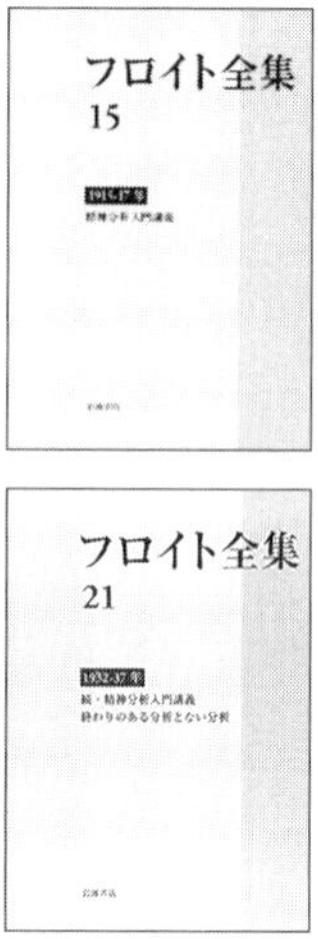

⑨

ラカンの著作(『エクリ』)はやはり難解なので、まずは講義録(『セミネール』)をお読みいただくのが良いでしょう。一番読みやすいのは第一巻の、⑩**『フロイトの技法論(上・下)』(小出浩之他訳、岩波書店、一九九一年)**です。想像界の理論から象徴界の理論へ至る道のりが分かりやすく描かれています。

⑩

最後に、手前味噌ではありますが、本書の企画のもとになった拙著、⑪**『新疾風怒濤精神分析用語事典』(戸山フロイト研究会、二〇一五年)**をぜひお読みいただければ幸いです。本書よりも細部に突っ込んだ議論が展開されており、またラカン(派)の著作を読む際の補助にもなるはずです。書店では販売していませんが、インターネットの直販サイトでお求めいただけます(http://psycha.theshop.jp/)。

⑪

あとがき

分析家のオフィスに向かう途中、ふと、思うことがある。自分はいったい何をやっているのか。多忙な日々の合間を縫って時間を作り、わざわざ話したくもないことを話しに行ったかと思えば、決して安くない料金を払わされる。そんな日々をもう、気づけば三年近くも送っている。ただでさえ逼迫《ひっぱく》した経済状況を余計に悪化させながら、一体、分析をやって何か自分に得たものがあったのかと、思い悩むことがある。それでも、いざ分析室《キャビネ》を後にする時、来なければよかったと後悔したことは、ただの一度もない。それは本当に不思議なことだと思う。

すでに優れたラカンの入門書が出版されている中、本書のような若書きを世に送り出すことには、若干の躊躇《ためら》いもあった。それでも、「精神分析は何のためにあるのか」、その固有の立場を明らかにし、そこに立脚して書かれた入門書がまだ不足していると思われた。その点で本書にも何か資するところがあるだろうと思い、ここに蛮勇に打って出ることにした。

したがって、執筆に際しては、何よりもまず、精神分析の固有性を明確化することに専心した。ラカン理論が難解と思われる背景には、精神医学とも心理臨床とも異なった、精神分析独自の地位《ポジション》の理解が行き渡っていないという事情があるように思われる。実際ラカンは、理論的にも政治的にも、「精神分析の固有性とは何か」という問いに、生涯を通して向き合わざるを得なかった人である。哲学や言語学などの様々な概念を理論体系に取り入れる際も、それらは固有の意味での精神分析に役立つように仕様化《カスタマイズ》されなければならなかった。そのため、彼が「精神分析」という営みに与えている独自性に立脚してでなければ、そもそもラカンを理解することはできないのである。

そうした事情を鑑みて、本書では、分析の独自性を明らかにすることを第一の主題にした。議論の便宜を図るためとはいえ、行き過ぎた図式化、単純化を行ったところもあり、有識者の中には眉を顰《ひそ》められる向きもあるだろうが、何卒ご寛恕《かんじょ》願いたい。

もちろん、執筆の動機はそれだけではない。単に精神分析のテクストを研究するに留まらず、実際に分析という営みに身を投じる人々の数を少しでも増やしたい。少なくとも、人生に悩み、行き詰った時、精神分析という場があることを一人でも多くの人に知っていただきたい。そうした願いも多分にあった。そのためには、今一度「精神分析とは何か」という根源的な問いに立ち戻らなければならなかった。僕が青春の少なからぬ時間を費やしたこの営みを自分なりに消化するためにも、それは是非とも必要なことだった。

その貴重な機会を下さった誠信書房ならびに編集部の松山由理子さんに御礼申し上げる。ほぼ業績も何も無い若輩者がこうして一冊の本を上梓することができたのは、ひとえに僥倖《ぎょうこう》という他ない。本書が皆さんのご期待に適うことを願うばかりである。

京都大学准教授の松本卓也先生には、原稿をお読みいただき、貴重なご意見を頂戴した。常に我が身の浅学を痛感させてくれる先生に、感謝と敬意を表したい。

筆者のラカン理解は、東京精神分析サークルでの活動においてこそ育まれたものである。紙幅の都合上、一人一人の御名前を挙げることは叶わぬが、サークルに携わったすべての方々に謝意を表したい。特に戸山フロイト研究会の仲間達なくしては、筆者がここまでラカンに深く関わることはなかっただろう。

指導教官の藤本一勇先生、ならびに藤本ゼミの学兄諸氏は、本書の出版を温かく見守ってくださった。平素より修行の機会をお与え下さる皆様に深謝する。今後もご指導ご鞭撻を賜れれば幸甚である。

いつも様々な刺激をくれる早稲田大学現代文学会、哲学・批評研究会の皆さんにも感謝したい。またサークルOBの佐藤正尚、喜田智尊両氏、彼らの特異な才能が世に知らしめられる日を心待ちにしている。

装画を担当してくれた菅野一期君は、本書の内容についても鋭く指摘してくれた。彼の助言があってこそ、本書の全体的な色合い《ニュアンス》は現在の形になった。彼と友人になれたことは、高校時代の貴重な宝の一つである。とはいえ本書に何か不備があったとすれば、それはひとえに筆者の責である。

末筆ながら、分析家の向井雅明先生には、身の丈に余る素晴らしい序文を頂いた。先生の仕事が筆者に与えている多大な影響は、ここにそれを記すまでもない。平素よりのご高配に対し、ここで改めて深甚の感謝をお伝えしたい。

真に精神分析を必要とするすべての人々に、少しでも本書が届けられることを祈って、擱筆《かくひつ》する。

二〇一七年七月二四日

梅雨晴れの空を眺めて　片岡一竹

著者紹介

片岡一竹（かたおか　いちたけ）
1994年栃木県生まれ
2017年　早稲田大学文化構想学部卒業
2017年　早稲田大学文学研究科表象・メディア論コース修士課程
　　　　戸山フロイト研究会主宰、東京精神分析サークル会員
訳　書　キリアコ『稲妻に打たれた欲望――精神分析によるトラウマからの脱出』（分担訳）誠信書房、2016年

疾風《しっぷう》怒《ど》濤《とう》精神《せいしん》分析《ぶんせき》入門《にゅうもん》
――ジャック・ラカン的《てき》生《い》き方《かた》のススメ

2017年 9 月 20 日　第 1 刷発行
2023年 5 月 30 日　第 8 刷発行

著　者　片　岡　一　竹
発行者　柴　田　敏　樹
印刷者　藤　森　英　夫

発行所　株式会社　誠　信　書　房
〒112-0012 東京都文京区大塚 3-20-6
電話 03（3946）5666
https://www.seishinshobo.co.jp/

印刷所／製本所　亜細亜印刷㈱
ISBN978-4-414-41631-2 C1011

はじめてのラカン精神分析

初心者と臨床家のために

アラン・ヴァニエ 著
赤坂和哉・福田大輔 訳

ラカンに分析を受けたヴァニエ教授が，伝記的なエピソードを織り交ぜながら，後期のラカンまでを説き明かしたラカン入門の決定版。

主要目次
第一章　道しるべ
　一九五三年　パリ精神分析協会との断絶と新概念の導入
　　象徴界，想像界，現実界 / ローマ講演
　伝記的要素と初期の仕事
第二章　想像界
　　理想についての光学的モデル / 自我理想と理想自我
第三章　象徴界
　　主体 / ランガージュとパロール / 他
第四章　現実界
　　対象ａ / 対象の変遷 / 性別化 / 他
第五章　最後に

四六判並製　定価（本体2000円＋税）

稲妻に打たれた欲望

精神分析によるトラウマからの脱出

ソニア・キリアコ 著 / 向井雅明 監訳

様々なトラウマ的な出来事に対して，起こった事態ではなく自分自身の主体を中心に据えて立ち向かってゆくことの大切さを提示する。

主要目次
イントロダクション
Ⅰ　幼児期の侵害
　ニーナの秘密
　めまい
Ⅱ セクシュアリティは常に外傷的である
　天使ガブリエル
　リュシーにとってのひとつの謎
　リラの隠された宝
Ⅲ　愛の傷
　謎の女アナ
　フローラと分析家，そして小さなノート
　休戦
Ⅳ　死と喪
　勇敢な少年，リュ
　アリス，人形と幽霊
　影の国のヴィクトール
Ⅴ 究極的脅威
　誰も自らの死を想像することはできない / 他

A5判並製　定価（本体2700円＋税）